LUMINALIBRIA

Antártida Prohibida: Los Secretos Ocultos de Atlántida, OVNIs y Civilizaciones Perdidas

LUMINALIBRIA

DEDICATORIA

A todos aquellos que tienen el coraje de mirar más allá del horizonte conocido, desafiando las verdades convencionales para explorar lo desconocido.

A los que todavía creen en los misterios, en los mitos y en las historias que susurran antiguas verdades escondidas bajo el hielo y el tiempo.

Y a ti, lector, que con este libro te aventuras en un viaje hacia los confines de la Tierra y de la comprensión humana, con la mente abierta y el corazón listo para soñar.

Que puedas encontrar inspiración entre estas páginas, y que los secretos de la Antártida despierten en ti la maravilla del misterio.

LUMINALIIBRIA GROUP

INTRODUCCIÓN

La Antártida es mucho más que un simple continente helado en el extremo sur del planeta. Durante siglos, ha estimulado la imaginación de exploradores, científicos y escritores, emergiendo no solo como el lugar más inhóspito de la Tierra, sino también como uno de los más misteriosos. No es solo su aislamiento lo que lo hace intrigante, ni la extensión aparentemente infinita de hielo que cubre montañas, valles y cráteres desconocidos. Lo que realmente hace fascinante a la Antártida es lo que podría esconder bajo su superficie. Imagina un lugar donde el tiempo parece haberse detenido. Un lugar en el que la ciencia moderna aún lucha por descifrar los secretos ocultos bajo kilómetros de hielo. Aquí, bajo el manto blanco, se encuentran lagos subglaciares que nunca han visto la luz del sol en millones de años, montañas sepultadas que desafían cualquier idea convencional de geología y, quizás, según algunas teorías, incluso rastros de civilizaciones antiguas o tecnologías avanzadas. La Antártida es una especie de enigma natural, una puerta hacia el pasado y, tal vez, hacia dimensiones que aún no somos capaces de comprender.

Esta tierra helada ha permanecido durante mucho tiempo inaccesible, protegida no solo por su clima hostil, sino también por una serie de acuerdos internacionales que limitan las actividades humanas. Los tratados que regulan el continente prohíben las reclamaciones territoriales y desalientan la explotación de sus recursos. Pero precisamente esta inaccesibilidad ha alimentado aún más la curiosidad y la imaginación colectiva. ¿Por qué está tan vigilada? ¿Por qué es el único lugar en el mundo que sigue siendo una especie de territorio neutral? ¿Qué secretos podrían estar protegidos bajo sus hielos, lejos de los ojos del mundo?

A lo largo de la historia, la Antártida siempre ha representado una frontera, no solo geográfica sino también mental. Los antiguos imaginaban un continente desconocido al sur para equilibrar las tierras del norte, un lugar mítico que llamaban Terra Australis. Con el paso de los siglos, cuando las primeras exploraciones comenzaron a revelar su verdadera naturaleza, las leyendas no desaparecieron. De hecho, se fueron transformando, entrelazándose con nuevos descubrimientos y preguntas sin respuesta.

A lo largo de los siglos, mitos y leyendas se han entrelazado con teorías científicas y relatos de exploradores. Se habla de la Atlántida, de civilizaciones subterráneas, de OVNIs y de tecnologías avanzadas. Descubrimientos extraordinarios como el Lago Vostok, un reservorio de agua líquida atrapada bajo kilómetros de hielo, y las anomalías gravitacionales de Wilkes Land, que sugieren la presencia de enormes masas desconocidas, siguen alimentando la imaginación de quienes buscan respuestas más allá de la ciencia convencional.

Y luego están los relatos de los exploradores, como el de Richard Byrd, que describió una tierra verde y exuberante escondida detrás de las montañas de hielo. Sus palabras, que muchos consideran solo fantasías o exageraciones, han dado lugar a teorías que conectan la Antártida con dimensiones subterráneas y civilizaciones avanzadas. ¿Es realmente posible que el continente custodie secretos que podrían reescribir la historia de la humanidad?

Este libro es un viaje a los misterios de la Antártida, una exploración que va más allá de los límites de la ciencia tradicional para abrazar las historias más fascinantes y las hipótesis más audaces. Descubriremos cómo este continente se ha convertido en el centro de teorías que conectan la historia antigua con el futuro de la humanidad, llevándonos a reflexionar sobre lo que realmente significa conocer nuestro planeta y sus secretos más profundos. Desde las pirámides de hielo hasta las ciudades perdidas, desde los avistamientos de OVNIs hasta los misterios de la geología, exploraremos cada rincón del continente, tratando de distinguir lo real de lo imaginario. Y mientras buscamos respuestas, quizás descubramos que la Antártida no solo es una frontera geográfica, sino también una frontera que nos desafía a mirar más allá de lo que creemos posible.

Bienvenidos a la Antártida, el corazón helado del misterio.

CONEXIONES ENTRE MITOS ANTIGUOS, DESCUBRIMIENTOS CIENTÍFICOS MODERNOS Y TEORÍAS DE CONSPIRACIÓN

Desde el amanecer de la civilización, la humanidad ha buscado dar sentido al mundo que la rodea, entrelazando historias y mitos que explicaran lo invisible y lo incomprensible. En el corazón de estos relatos se encuentran los misterios relacionados con tierras desconocidas y civilizaciones perdidas, como Atlántida, Shambhala y Agartha, reinos míticos que evocan imágenes de sabiduría antigua y tecnologías avanzadas. Pero, ¿qué sucede cuando estas leyendas se encuentran con los descubrimientos científicos modernos y con las teorías de conspiración que desafían la narrativa oficial?

Atlántida y la Antártida

Atlántida, descrita por Platón como un continente avanzado arrasado por un cataclismo, es una de las leyendas más duraderas de la historia humana. Algunos investigadores y teóricos de la conspiración han sugerido que la Antártida podría ser la verdadera Atlántida, sepultada bajo capas de hielo a raíz de un desplazamiento de los polos o de un evento catastrófico global. Esta hipótesis se ha reforzado aún más con los recientes descubrimientos científicos de montañas, lagos subglaciares y anomalías gravitacionales ocultas bajo la capa de hielo antártica. Las características del Lago Vostok, con sus aguas atrapadas durante millones de años, parecen casi un eco de las descripciones de Platón, planteando preguntas intrigantes: ¿es posible que Atlántida sea una realidad oculta bajo los hielos de la Antártida?

Algunos estudiosos de teorías alternativas también apuntan a la idea de que la Antártida no siempre ha estado cubierta por hielo. Según las hipótesis más audaces, el último gran desplazamiento de los polos habría sepultado civilizaciones enteras bajo kilómetros de hielo, dejándolas congeladas en el tiempo. Este escenario explica por qué la región está a menudo en el centro de teorías que conectan cataclismos globales, civilizaciones avanzadas y nuestros orígenes.

Shambhala y Agartha: reinos subterráneos

Las creencias tibetanas hablan de Shambhala, una tierra de paz y conocimiento situada en el corazón de la Tierra. De manera similar, la teoría de Agartha propone la existencia de un mundo subterráneo habitado por seres avanzados. Estos mitos encuentran paralelismos en los descubrimientos de enormes sistemas de cavernas como las de Mammoth Cave en Estados Unidos y las de las cavernas de Naica en México, que demuestran lo poco que sabemos sobre los espacios ocultos bajo la superficie terrestre. Algunos defensores de las teorías de conspiración creen que estas cavernas podrían ser entradas a un mundo subterráneo más amplio, conectado con el misterioso Lago Vostok en la Antártida.

La idea de un mundo subterráneo ha fascinado a la humanidad durante siglos, y sus implicaciones se extienden mucho más allá de los límites del mito. Descubrimientos geológicos modernos han revelado redes de cavernas que podrían extenderse por cientos de kilómetros, alimentando las especulaciones sobre un sistema interconectado que podría esconder secretos aún más profundos. Si estas teorías tuvieran aunque solo una pizca de verdad, la posibilidad de mundos desconocidos bajo nuestros pies cambiaría radicalmente nuestra comprensión de la Tierra.

Ciencia y mito: el Lago Vostok

El Lago Vostok es una cuenca subglacial atrapada bajo cuatro kilómetros de hielo, aislada durante millones de años. Sus aguas podrían contener formas de vida únicas, nunca expuestas al resto del planeta. Según algunas teorías, la exploración del Lago Vostok ha llevado al descubrimiento de estructuras artificiales o de civilizaciones antiguas, lo que explicaría la estricta vigilancia militar del área. Aunque la comunidad científica se muestra cautelosa respecto a tales afirmaciones, la conexión entre un lago misterioso y los mitos de Atlántida o Agartha es demasiado fascinante para ser ignorada.

En 2012, cuando los investigadores perforaron por primera vez la superficie del lago, el mundo científico estaba en espera. Sin embargo, muchos de los descubrimientos realizados nunca se divulgaron completamente, alimentando las teorías de conspiración. Algunos creen que bajo el Lago Vostok se esconden civilizaciones o incluso tecnologías avanzadas, protegiendo el sitio con una vigilancia que deja pocas explicaciones. Las similitudes con las descripciones de reinos subterráneos no pasaron desapercibidas para los apasionados de los misterios.

OVNIs y tecnologías avanzadas

Los avistamientos de OVNIs sobre la Antártida y las teorías sobre bases secretas alienígenas alimentan aún más la imaginación. Durante la Segunda Guerra Mundial, se hipotetiza que los nazis intentaron establecer una base en la Antártida, quizás con la ayuda de tecnologías no terrestres. Estos relatos se entrelazan con las historias de exploradores como Richard Byrd, quien describió visiones de un mundo verde y habitado bajo los hielos. Aunque muchas de estas historias han sido desacreditadas, su poder narrativo sigue siendo extraordinario.

En tiempos más recientes, las imágenes satelitales y los relatos de presuntos informantes han vuelto a centrar la atención en esta remota región. Los avistamientos de estructuras geométricas enterradas bajo el hielo, que algunos creen que son restos de civilizaciones antiguas o incluso de naves espaciales, continúan estimulando especulaciones. ¿Podría la Antártida ser un lugar de encuentro entre el pasado y el futuro, donde la historia humana se entrelaza con tecnologías que aún no comprendemos completamente?

La fusión de mito, ciencia y conspiración

El fascinante misterio de la Antártida radica en su naturaleza enigmática: un lugar donde la ciencia lucha por proporcionar respuestas definitivas, dejando espacio a interpretaciones que van desde lo plausible hasta lo fantástico. Los descubrimientos modernos de cratones antiguos y estructuras geológicas complejas proporcionan bases tangibles sobre las cuales construir estas narrativas, mientras que la presencia militar y el secretismo alimentan las teorías de conspiración.

A través del contraste entre mito y ciencia, este capítulo

explora cómo la Antártida se ha convertido en un símbolo de conexión entre el pasado y el futuro, entre la imaginación y la realidad, y entre nuestra sed de conocimiento y el insondable misterio de nuestro planeta. Pero también es una reflexión sobre el límite del conocimiento humano: la Antártida nos recuerda que, a pesar de los avances tecnológicos, aún existen lugares y preguntas que desafían nuestra comprensión. Cada teoría, ya sea de mito o ciencia, contribuye a mantener vivo el encanto de un continente que continúa guardando sus secretos, como un enigma sin resolver esperando ser desvelado.

UNA PROMESA AL LECTOR: EXPLORAREMOS CADA RINCÓN DE ESTA HISTORIA, UNIENDO REALIDAD, ESPECULACIÓN E IMAGINACIÓN

Una promesa al lector: este libro es una invitación a descubrir, reflexionar y soñar. Exploraremos juntos cada rincón de esta historia, cruzando los límites invisibles entre lo que es real, lo que es especulativo y lo que pertenece al ámbito de la imaginación. No se trata solo de conocer, sino de sumergirse en un viaje profundo y transformador que estimula la mente y el corazón.

Con cada capítulo, te guiaremos en un recorrido que abraza el encanto de lo desconocido y la incansable búsqueda de la verdad. Cada página está diseñada para llevarte más allá de la superficie de las historias y teorías, profundizando en los mitos, confrontándolos con los descubrimientos más recientes y las intuiciones más audaces. No daremos nada por sentado; cada detalle será examinado con atención, cada mito será explorado con curiosidad y cada teoría, incluso la más improbable, será tratada con la seriedad que merece. En este libro, encontrarás una narrativa que no solo es informativa, sino profundamente evocadora. Queremos encender tu imaginación, alimentar tu sed de conocimiento e inspirarte a mirar el mundo con nuevos ojos. Cada palabra está pensada para involucrarte, para hacerte sentir parte de un viaje compartido, donde las preguntas son tan importantes como las respuestas.

La promesa es simple pero ambiciosa: no solo te contaremos

una historia, sino que te invitaremos a vivirla, a explorarlas y a dejarte transformar por ella. Este libro no es solo una lectura, sino una experiencia, un puente entre el pasado y el futuro, entre lo que sabemos y lo que solo podemos imaginar. Prepárate para cruzar umbrales que pocos se atreven a atravesar, para cuestionar lo que pensabas saber y para descubrir un universo de posibilidades oculto entre los pliegues de la realidad y el misterio.

Buen viaje, explorador. Que tu curiosidad sea tu guía y tu sed de conocimiento tu faro mientras nos adentramos juntos en los secretos más profundos y las maravillas más extraordinarias de nuestro mundo.

PARTE I: ANTÁRTIDA - EL CONTINENTE DEL MISTERIO

CAPÍTULO 1: UN CONTINENTE SIN TIEMPO

GEOGRAFÍA ÚNICA E AISLAMIENTO: LA "FORTALEZA DE HIELO"

La Antártida, una extensión infinita de hielo y misterio, representa una de las últimas fronteras inexploradas de nuestro planeta. Como dijo alguna vez el historiador británico Stephen Pyne, "La Antártida no es solo un lugar, sino un estado mental, un paisaje donde el pasado se encuentra con el futuro y la realidad desafía a la imaginación." Esta tierra extrema e inaccesible encarna la esencia misma del misterio, atrayendo a exploradores, científicos y soñadores en busca de respuestas a preguntas que desafían los límites del conocimiento humano. Este vasto y remoto continente, situado en el extremo sur de la Tierra, evoca imágenes de paisajes inhóspitos, exploradores heroicos y secretos antiguos enterrados bajo kilómetros de hielo. Más que un simple lugar geográfico, la Antártida es un símbolo: un territorio que desafía el conocimiento humano e encarna el enigma mismo de la existencia terrestre. Su geografía única y su aislamiento extremo la convierten en una verdadera "fortaleza de hielo", donde el tiempo parece haberse detenido y cada nuevo descubrimiento abre la puerta a infinitas posibilidades.

Con una superficie que supera los 14 millones de kilómetros

cuadrados, la Antártida es el quinto continente más grande del mundo, cubierto casi en su totalidad por una capa de hielo que contiene aproximadamente el 70% del agua dulce del planeta. Este inmenso manto blanco es mucho más que una extensión estéril: esconde un paisaje sorprendentemente diverso compuesto por montañas imponentes, como el majestuoso Monte Vinson, que se eleva hasta los 4.892 metros, valles profundos como el misterioso Valle de Wright, conocido por su lago salino sin hielo, lagos subglaciares como el Lago Vostok, sellado durante más de 15 millones de años, y volcanes activos, incluido el Monte Erebus, que emite regularmente columnas de vapor y gases. Cada elemento de este paisaje es una ventana a un mundo oculto y fascinante, donde la naturaleza revela su poder primordial. Entre ellos, el Monte Erebus, uno de los volcanes activos más al sur del mundo, emite regularmente columnas de vapor y gases, recordando que bajo la aparente inmovilidad del hielo se oculta un dinamismo imparable. El aislamiento de la Antártida es legendario. Rodeada por el Océano Antártico, sus aguas están protegidas por la poderosa Corriente Circumpolar Antártica, que impide la mezcla de las aguas cálidas del norte con las frías del sur. Este aislamiento natural ha permitido que la Antártida permaneciera casi intacta por la intervención humana durante milenios. Las condiciones climáticas extremas, con temperaturas que en invierno pueden descender por debajo de los -80 grados Celsius y vientos catabáticos que superan los 300 kilómetros por hora, la convierten en una de las regiones más inhóspitas del planeta. En comparación, el desierto del Sahara, a pesar de sus altas temperaturas que alcanzan los 50 grados Celsius, presenta condiciones menos extremas para la supervivencia humana debido a la presencia de oasis dispersos. De manera similar, las tundras árticas, aunque comparten temperaturas glaciales, están atenuadas por una mayor biodiversidad. La Antártida, en cambio, se distingue por su total desolación y por la ausencia de asentamientos humanos permanentes, subrayando su estatus como último bastión de la naturaleza intacta. A pesar de esto, estas mismas características la convierten en un lugar único para el estudio científico, un verdadero laboratorio natural para comprender el pasado y el futuro de nuestro planeta.

El continente es también una ventana a una era lejana. Antes de estar cubierta por hielo, la Antártida formaba parte del supercontinente Gondwana, que incluía África, Sudamérica, India, Australia y Madagascar. Los fósiles encontrados bajo la capa de hielo cuentan de un tiempo en que este territorio estaba cubierto por bosques exuberantes y habitado por criaturas ahora extintas, como los grandes marsupiales del Gondwana y algunas especies de árboles antecesores de las actuales coníferas. Entre los hallazgos más fascinantes se encuentran restos de antiguas helechos y de dinosaurios que poblaron estas tierras verdes millones de años atrás, como el Cryolophosaurus, un gran carnívoro descubierto en la Antártida, y los fósiles de Glossopteris, una antigua planta de grandes hojas que dominaba los paisajes del Gondwana. Estos hallazgos ofrecen una imagen completamente diferente de la que hoy conocemos, pintando una Antártida exuberante y llena de vida. Este legado geológico es un recordatorio del remoto pasado de la Tierra, proporcionando pistas cruciales para entender los grandes cambios climáticos y geológicos que han dado forma a nuestro planeta.

A pesar de su naturaleza inhóspita, la Antártida siempre ha atraído la atención de exploradores, científicos y soñadores.

Recientemente, la expedición internacional MOSAiC, la mayor misión de investigación polar jamás emprendida, ha arrojado datos cruciales sobre la dinámica de los glaciares y el cambio climático, demostrando cuán invaluable es este continente extremo como recurso científico. Las primeras expediciones, como la de Roald Amundsen en 1911, quien fue el primero en llegar al Polo Sur, fueron épicas gestas de resistencia y coraje. Sin embargo, la Antártida no es solo un lugar de conquistas heroicas. En las últimas décadas, se ha convertido en un punto focal para el estudio del cambio climático, la biodiversidad y la dinámica glaciar. Los investigadores han descubierto lagos subglaciares sellados durante millones de años, como el Lago Vostok, que podrían albergar formas de vida nunca vistas antes, abriendo escenarios fascinantes sobre la posibilidad de vida extraterrestre.

Pero la Antártida no es solo un reino de la ciencia. Este continente ha inspirado mitos y teorías que van desde el legendario continente perdido de Atlántida hasta las bases secretas bajo los hielos. Una de las narrativas más fascinantes se refiere a las hipotéticas civilizaciones avanzadas que habrían encontrado refugio aquí hace millones de años, una idea respaldada por relatos de estructuras piramidales visibles en algunas zonas del continente, que algunos creen son obra de culturas antiguas. Su aislamiento y vastedad han alimentado innumerables mitos y teorías de conspiración. Algunos creen que bajo el hielo se ocultan bases secretas, civilizaciones perdidas o incluso portales hacia mundos alternativos. Estos relatos, aunque fantasiosos, reflejan nuestro deseo de atribuir significados profundos a un lugar que escapa a nuestra comprensión. Cada nuevo descubrimiento científico, cada misión de exploración, parece agregar nuevos capítulos a una historia que mezcla realidad e imaginación.

Hoy en día, la Antártida es el centro de debates globales. Su importancia en la regulación del clima terrestre, su papel como archivo de las eras glaciares y su vulnerabilidad ante el calentamiento global la convierten en un tema de extrema relevancia. Pero junto a estas cuestiones urgentes, la Antártida sigue representando un símbolo de misterio y descubrimiento. ¿Qué secretos se esconden aún bajo su hielo de varios kilómetros? ¿Podríamos descubrir civilizaciones antiguas sepultadas, pruebas de formas de vida desconocidas o incluso nuevos fenómenos naturales que podrían revolucionar nuestros conocimientos científicos? ¿Y cómo influirán estos descubrimientos en nuestro futuro? La comprensión de las dinámicas del hielo y del cambio climático podría proporcionarnos herramientas para mitigar los efectos del calentamiento global, mientras que el descubrimiento de ecosistemas ocultos podría abrir nuevas fronteras en biología y exploración espacial, ofreciéndonos pistas valiosas sobre la posibilidad de vida más allá de nuestro planeta.

Este capítulo quiere ofrecer una mirada profunda sobre la geografía única y el significado simbólico de la Antártida como "tierra sin tiempo". Analizaremos cómo su posición aislada y su ambiente extremo han moldeado nuestro enfoque científico y cultural hacia ella, explorando también los descubrimientos recientes que arrojan luz sobre un pasado remoto y sugieren fascinantes implicaciones para el futuro de nuestro planeta. Exploraremos el pasado remoto de este continente, su presente enigmático y sus posibles implicaciones para el futuro. Con cada paso que damos en la exploración de este extraordinario territorio, nos acercamos no solo a comprender mejor nuestro mundo, sino también a descubrir algo más profundo sobre nosotros mismos y nuestra relación con el planeta que llamamos hogar.

LA FORMACIÓN GEOLÓGICA Y LA IMPORTANCIA ESTRATÉGICA DE LA ANTÁRTIDA

La Antártida es mucho más que un continente remoto e inaccesible; es un archivo viviente de la historia geológica de la Tierra y un símbolo crucial para el futuro del planeta. Para comprender plenamente su importancia, es necesario explorar no solo sus características geológicas únicas, sino también el papel estratégico que desempeña en la geopolítica global y en la ciencia moderna. Este vasto territorio encarna tanto la memoria del pasado como los desafíos del futuro, uniendo ciencia, misterio y estrategia en un fascinante mosaico.

Una ventana al pasado remoto de la Tierra

Hace unos 200 millones de años, la Antártida formaba parte del supercontinente Gondwana, un inmenso bloque terrestre que también incluía África, Sudamérica, India, Australia y Madagascar. Durante el Jurásico, el proceso de separación de Gondwana comenzó a fragmentar esta vasta tierra, impulsado por los movimientos tectónicos que generaron nuevas dorsales oceánicas. Este proceso, denominado "deriva continental", llevó a la formación gradual de los océanos modernos y las características geográficas que hoy conocemos. Por ejemplo, el levantamiento de montañas como los Andes y las cadenas himalayas son testimonios directos de estas colosales fuerzas geológicas que han modelado el planeta. Este vínculo con Gondwana explica la fascinante variedad de fósiles y formaciones rocosas que se han descubierto bajo su espeso manto de hielo. Entre los hallazgos más significativos se encuentran los restos de la Glossopteris, una antigua planta de grandes hojas que dominaba los paisajes de Gondwana, y los de dinosaurios como el Cryolophosaurus, un depredador que habitaba los exuberantes bosques antárticos. Estos fósiles dan testimonio de una época en la que la Antártida no era una extensión helada, sino un paisaje exuberante y lleno de vida. Estos hallazgos no solo cuentan una historia de transformación climática y geológica, sino que también ofrecen valiosas pistas para comprender las dinámicas de los cambios climáticos modernos. La presencia de lagos subglaciares como el Lago Vostok, sellado bajo kilómetros de hielo durante millones de años, representa una ventana única a ecosistemas aislados que podrían albergar formas de vida nunca vistas antes. Un descubrimiento particularmente interesante fue el de microbios antiguos que parecen haber sobrevivido en este entorno extremo, alimentándose de minerales presentes en el agua y demostrando una extraordinaria capacidad de adaptación. Esto ha ofrecido un paralelismo intrigante con la posibilidad de vida extraterrestre en lunas heladas como Europa. Además, el análisis de estos microbios ha proporcionado pistas sobre el potencial de supervivencia de la vida en condiciones similares en otros lugares del universo. Estos entornos únicos plantean preguntas fundamentales sobre la capacidad de la vida para adaptarse a condiciones extremas, empujando los límites de la biología moderna.

Geografía extrema y dinamismo oculto

Bajo su espeso manto de hielo, la Antártida oculta montañas imponentes, valles profundos y vastos sistemas de cavernas. Entre sus características más sorprendentes se encuentran los volcanes activos, como el Monte Erebus, que emite regularmente columnas de vapor, un fenómeno que ofrece a los científicos la oportunidad de estudiar el comportamiento volcánico en condiciones extremas. Las Montañas Gamburtsev, una cadena montañosa enterrada que rivaliza en altura con los Alpes, representan un enigma geológico: su formación podría proporcionar pistas cruciales sobre los procesos tectónicos antiguos y la evolución de la corteza terrestre en un entorno glaciar único. Estas formaciones también juegan un papel clave al influir en la actividad sísmica local, contribuyendo a comprender mejor las dinámicas del continente. Estas formaciones, invisibles al ojo humano, se mapean gracias a tecnologías avanzadas como el radar de penetración terrestre y los satélites de gravimetría, revelando un paisaje en constante evolución que desafía nuestra comprensión tradicional. Cada descubrimiento añade una nueva pieza al rompecabezas de la comprensión de la geología terrestre, ofreciendo pistas sobre procesos antiguos que siguen modelando el planeta. El descubrimiento de cañones profundos, como el situado bajo el Glaciar Denman, que se extiende más de 3.500 metros bajo el nivel del mar, es un ejemplo claro de lo inexplorado que sigue siendo este continente. Estos estudios geológicos no solo alimentan la curiosidad científica, sino que también tienen implicaciones prácticas, como la predicción de cómo el derretimiento de los glaciares afectará al aumento del nivel del mar. Los datos recopilados en la Antártida se están convirtiendo en fundamentales para los modelos climáticos globales, permitiendo a los científicos predecir con mayor precisión las consecuencias del cambio climático en las costas del mundo.

Una ubicación estratégica crucial

La Antártida no es solo un tesoro científico; también es un lugar de creciente interés estratégico. El Tratado Antártico, firmado en 1959, establece que el continente debe ser utilizado exclusivamente para fines pacíficos y científicos. Sin embargo, con el cambio climático que hace que algunos recursos naturales sean más accesibles, muchas naciones están mostrando un renovado interés por esta región. La presencia de reservas de minerales y gas natural bajo el hielo podría desencadenar futuras disputas geopolíticas. En un mundo cada vez más ávido de recursos, la Antártida podría convertirse en un terreno de contienda, planteando dilemas éticos y políticos.

Además, su ubicación es crucial para la investigación científica sobre el clima. Las bases de investigación distribuidas en el continente, como la Base Concordia gestionada conjuntamente por Italia y Francia, recopilan datos fundamentales para monitorear el cambio climático y comprender las dinámicas de la atmósfera terrestre. La Base Concordia, ubicada en el corazón de la meseta antártica, realiza estudios sobre el acumulamiento de hielo y las capas atmosféricas, proporcionando datos esenciales para la modelización del clima global. La estabilidad de la Antártida influye directamente en los modelos meteorológicos globales, convirtiéndola en un observatorio esencial para predecir y mitigar los impactos del calentamiento global. Las misiones científicas, como el proyecto MOSAiC, ya han revelado conexiones profundas entre los procesos climáticos polares y los de las regiones templadas, destacando la importancia global del continente.

El futuro de la Antártida

Con cada nuevo descubrimiento, la Antártida se revela no solo como un enigma geológico, sino también como una clave para comprender nuestro pasado y preparar nuestro futuro. A medida que la ciencia continúa desvelando sus secretos, es esencial garantizar que este continente único permanezca protegido, no solo para preservar su integridad ambiental, sino también para permitir que las futuras generaciones exploren su potencial de manera sostenible. Las políticas internacionales deben enfrentar el desafío de equilibrar la exploración y la conservación, asegurando que la Antártida siga siendo un lugar de paz y colaboración científica. Un ejemplo relevante es el Protocolo de Madrid de 1991, que prohíbe cualquier actividad minera en la Antártida y establece un marco riguroso para la protección ambiental. Además, el reciente debate sobre la renovación de las disposiciones del Tratado Antártico, previsto para 2048, ya está suscitando discusiones sobre la necesidad de reforzar las medidas de conservación para contrarrestar las presiones geopolíticas y las ambiciones económicas emergentes.

La Antártida representa una advertencia y una promesa: una advertencia sobre lo frágil que es nuestro planeta y una promesa de los increíbles descubrimientos que aún nos esperan. Explorar la Antártida significa, en última instancia, explorar nosotros mismos y nuestro papel en un mundo en constante transformación. Cada paso en la comprensión de este misterioso continente nos acerca a responder a las grandes preguntas de la humanidad, desde el origen de la vida hasta los desafíos climáticos globales. Y en este viaje, la Antártida nos invita a reflexionar sobre nuestra responsabilidad hacia la Tierra y las generaciones futuras.

EL TRATADO ANTÁRTICO Y LA LIMITACIÓN DEL ACCESO PÚBLICO

La Antártida, con su vasta extensión de hielo y el encanto de una naturaleza aún intacta, representa uno de los territorios más enigmáticos y codiciados del planeta. Sin embargo, este continente sigue siendo en gran parte inaccesible para la mayoría de las personas. Este aislamiento se debe en gran parte al Tratado Antártico, un acuerdo internacional que regula su uso y limita el acceso. Mientras que el tratado fue concebido para preservar la integridad ambiental y promover la investigación científica, sus disposiciones plantean cuestiones complejas sobre la transparencia, la soberanía y las ambiciones geopolíticas de los países participantes.

Los orígenes del Tratado Antártico

Firmado en 1959 y en vigor desde 1961, el Tratado Antártico es el resultado de negociaciones llevadas a cabo durante un período de intensas tensiones geopolíticas, en plena Guerra Fría. Este acuerdo pionero fue concebido para prevenir la militarización del continente y fomentar la cooperación internacional en la investigación científica. Sus principios fundamentales incluyen:

- El uso de la Antártida exclusivamente para fines pacíficos.
- La prohibición de las pruebas nucleares y del vertido de desechos radiactivos.
- La promoción de la cooperación científica internacional y el intercambio de información.
- La suspensión de las reclamaciones territoriales por

parte de los Estados firmantes.

Actualmente, el Tratado Antártico cuenta con 54 países adherentes, pero las decisiones principales las toman los miembros consultivos, es decir, las naciones que realizan actividades científicas significativas en el continente. Esto crea una jerarquía implícita que excluye a muchos países de la gobernanza efectiva de la Antártida, como lo demuestra el caso de la solicitud de adhesión activa de algunas naciones emergentes, como India y Brasil, que, aunque han mostrado interés y realizado investigaciones limitadas, han encontrado dificultades para tener una voz significativa en el proceso de toma de decisiones, alimentando debates sobre la equidad y el acceso. La ausencia de una participación más equitativa ha sido objeto de crecientes críticas, especialmente por parte de las naciones emergentes que aspiran a un papel más activo en la gestión del continente.

El acceso limitado y sus implicaciones

Una de las características más evidentes del régimen del Tratado es la estricta regulación del acceso al continente. Aunque se fomenta las expediciones científicas, el turismo y las actividades comerciales están sujetos a rigurosos controles. Esto se justifica por la necesidad de proteger el frágil ecosistema de la Antártida, pero plantea interrogantes sobre la transparencia y el acceso público a la información. Por ejemplo, las bases de investigación operan a menudo en aislamiento, y las actividades realizadas rara vez se comunican al gran público. Un caso emblemático es el de las investigaciones sobre los lagos subglaciares como el Lago Vostok, donde la información sobre las metodologías y los resultados ha sido durante mucho tiempo fragmentaria, alimentando dudas y especulaciones sobre los reales descubrimientos realizados en esas expediciones. Esto ha alimentado teorías especulativas, que van desde la presencia de recursos naturales ocultos hasta presuntos proyectos secretos de relevancia militar o tecnológica. El acceso limitado, combinado con la vastedad y la inhóspita naturaleza del territorio, contribuye a mantener vivo el misterio que rodea a la Antártida. Además, algunas expediciones privadas, aunque raras, han suscitado polémicas sobre el posible aprovechamiento comercial del continente, un tema que divide profundamente la opinión pública y la comunidad internacional.

Desafíos y críticas al sistema del Tratado

A pesar de sus éxitos, el Tratado Antártico no está exento de críticas. Algunos de los principales desafíos incluyen:

1. **Ambiciones geopolíticas**: Con el cambio climático que está haciendo que algunos recursos naturales sean más accesibles, como lo demuestra el creciente interés por las reservas de minerales raros y gas natural hipotéticamente bajo el hielo, algunas naciones ya han iniciado estudios preliminares y expediciones exploratorias, incluida Australia, que recientemente declaró que quiere ampliar sus operaciones de mapeo geológico en áreas potencialmente ricas en recursos. Aumenta el temor de que algunas naciones puedan intentar explotar el continente para fines económicos o estratégicos, violando el espíritu del tratado. El hielo, de hecho, oculta potencialmente reservas significativas de minerales raros, petróleo y gas natural, que podrían atraer la atención de estados y multinacionales.

2. **Desigualdades en la participación**: La división entre miembros consultivos y no consultivos crea un sistema que favorece a algunas naciones sobre otras, perpetuando desigualdades en el proceso de toma de decisiones. Este desequilibrio podría volverse aún más evidente con el aumento de la competencia por los recursos globales.

3. **Falta de transparencia**: Las operaciones científicas y logísticas en el continente a menudo están cubiertas por un velo de confidencialidad, alimentando sospechas y especulaciones. La falta de una supervisión internacional más estricta podría dejar espacio para abusos o prácticas no éticas.

4. **Cambio climático**: El derretimiento de los glaciares antárticos representa una amenaza global. Aunque el tratado prohíbe la explotación minera, las presiones económicas futuras podrían poner en riesgo estas disposiciones, con consecuencias potencialmente desastrosas para el ecosistema global.

El futuro del acceso público

Con la llegada de 2048, año en el que algunas disposiciones del Protocolo de Madrid (que prohíbe la explotación minera) podrían ser revisadas, el debate sobre el acceso a la Antártida se vuelve cada vez más acalorado. La comunidad internacional se enfrenta a una encrucijada: mantener el enfoque restrictivo actual o abrir nuevas formas de acceso que equilibren exploración y conservación. Una solución podría ser la adopción de un sistema de monitoreo global más transparente, que funcione a través de una red integrada de satélites para control remoto, drones autónomos para inspecciones periódicas y sensores ubicados en las áreas estratégicas del continente. Estas tecnologías permitirían recopilar datos en tiempo real y compartirlos a través de una plataforma digital abierta, accesible tanto para los estados miembros del Tratado Antártico como para el público internacional, aumentando así la transparencia y la cooperación. Este enfoque no solo aumentaría la confianza en la gestión de la Antártida, sino que también podría fortalecer el espíritu de cooperación internacional que está en el corazón del tratado. Además, iniciativas como el fortalecimiento de las tecnologías de monitoreo remoto y el uso de satélites podrían garantizar un control más riguroso de las actividades en el continente, reduciendo los riesgos de explotación incontrolada.

La Antártida seguirá siendo una frontera del desconocido y un banco de pruebas para la capacidad de la humanidad de colaborar por el bien común. Preservar este frágil equilibrio será esencial para garantizar que el continente siga siendo un símbolo de paz, ciencia y misterio para las generaciones futuras. Cada decisión tomada hoy tendrá repercusiones a largo plazo, afectando no solo la preservación ambiental de la Antártida, sino también el equilibrio geopolítico global. Un fracaso en mantener la cooperación internacional podría llevar a una escalada de conflictos por el control de los recursos naturales, comprometiendo irremediablemente los ecosistemas y alimentando nuevas tensiones entre las potencias mundiales. Por otro lado, un enfoque compartido podría transformar al continente en un ejemplo de sostenibilidad y colaboración, capaz de inspirar la gestión de los desafíos globales futuros, determinando si la Antártida será un modelo de colaboración global o un terreno de conflicto y explotación. En este contexto, la participación activa de todas las naciones y una visión compartida serán fundamentales para asegurar que este continente único siga siendo un recurso para toda la humanidad.

CAPÍTULO 2: LA ANTÁRTIDA OCULTA

EL LAGO VOSTOK Y EL DESCUBRIMIENTO DE ECOSISTEMAS ÚNICOS BAJO EL HIELO

En el profundo continente antártico, bajo una capa de hielo de varios kilómetros, se oculta uno de los lugares más enigmáticos y fascinantes de nuestro planeta: el Lago Vostok. Esta vasta extensión de agua, aislada durante millones de años, se ha convertido en el centro de descubrimientos científicos y especulaciones sin precedentes. Entre los hallazgos más significativos, la detección de microorganismos únicos y adaptaciones genéticas inesperadas ha sorprendido a los científicos, sugiriendo una evolución independiente que podría proporcionar pistas sobre el origen de la vida misma. Al mismo tiempo, algunas especulaciones avanzadas hipotetizan la presencia de estructuras geológicas inusuales, tal vez indicativas de antiguas actividades tectónicas o incluso de eventos cataclísmicos de magnitud global. Un lugar remoto, inaccesible, que parece guardar los secretos de un mundo olvidado.

El Lago Vostok está enterrado bajo aproximadamente cuatro kilómetros de hielo antártico y se extiende por más de 250 kilómetros de largo, convirtiéndolo en uno de los lagos más grandes de la Tierra. Su existencia fue hipotetizada por primera vez en la década de 1950, pero solo con la llegada de las tecnologías avanzadas de radar en los años 90 se pudo confirmar. El lago se mantiene en estado líquido gracias al calor geotérmico proveniente del subsuelo y a la presión ejercida por el hielo superior. Este equilibrio natural es extraordinariamente delicado, lo que convierte a cualquier intento de exploración en una empresa compleja y arriesgada.

Los científicos se quedaron boquiabiertos ante la posibilidad de que el Lago Vostok pueda albergar ecosistemas únicos, compuestos por formas de vida que han evolucionado en total aislamiento. En 2012, tras años de perforaciones extremadamente delicadas para evitar contaminaciones, los investigadores rusos alcanzaron la superficie del lago, extrayendo muestras de hielo "sucio" del agua subyacente. Estas muestras revelaron la presencia de microorganismos desconocidos, incluidos bacterias extremófilas capaces de sobrevivir en condiciones de alta presión y total ausencia de luz solar. Algunos de ellos muestran adaptaciones únicas, como la capacidad de metabolizar compuestos químicos inusuales, sacando a la luz una realidad que supera toda imaginación: la vida puede existir incluso en condiciones aparentemente hostiles y totalmente separadas del resto del planeta. Algunos de estos microorganismos muestran características genéticas nunca antes observadas, suscitando interrogantes sobre su origen y su adaptación extrema.

Estos descubrimientos han abierto la puerta a nuevas preguntas. ¿Qué otras formas de vida podrían existir en otros lagos subglaciares de la Antártida? ¿Cómo se han formado las condiciones geológicas que han permitido la creación del Lago Vostok? ¿Podrían existir conexiones entre estos microorganismos y formas de vida antiguas que habitaron la Tierra hace millones de años? ¿Cómo han sobrevivido estos microorganismos sin luz solar? ¿Qué secretos bioquímicos guardan? ¿Podrían representar un testimonio de formas de vida primordiales, similares a las que podrían existir en otros planetas o lunas con condiciones extremas, como Europa o Encélado? Los científicos han comenzado a cuestionarse no solo sobre las implicaciones terrestres, sino también sobre las cósmicas. Si la vida puede prosperar en el Lago Vostok, ¿qué podría encontrarse bajo las cortezas heladas de mundos lejanos? Esta pregunta no es solo académica: es una cuestión que podría revolucionar la búsqueda de vida extraterrestre, proporcionando un modelo tangible para comprender cómo los organismos extremófilos pueden adaptarse a condiciones prohibidas.

Pero los descubrimientos no terminan ahí. Algunos investigadores sostienen que el Lago Vostok podría contener trazas de sustancias químicas nunca antes vistas o incluso estructuras geológicas que cuenten una historia única de nuestro planeta. Algunos estudios preliminares han indicado la posibilidad de depósitos minerales inusuales en el lecho del lago, como acumulaciones de zeolitas y cristales de cuarzo, que podrían proporcionar pistas sobre las transformaciones geológicas ocurridas hace millones de años, incluidos antiguos procesos de vulcanismo y sedimentación. Otras análisis especulativos sugieren que el lago podría contener reservas de gas metano atrapadas, un elemento que añadiría mayor complejidad a su ecosistema. Además, algunas teorías más especulativas hablan de posibles conexiones con civilizaciones perdidas o eventos catastróficos que moldearon la Tierra. Su posición remota y la dificultad de acceso alimentan la percepción de que el Lago Vostok no solo es una maravilla científica, sino también un lugar impregnado de misterio. Las implicaciones de las investigaciones en el Lago Vostok van más allá del ámbito científico. Tocan las cuerdas de nuestra curiosidad más profunda: ¿qué se esconde en el corazón de la Antártida? ¿Cuánto más debemos descubrir sobre las maravillas ocultas bajo el hielo eterno? ¿Y qué secretos del pasado o del futuro podrían aflorar de este mundo escondido? Cada descubrimiento, por pequeño que sea, representa una pieza crucial en un rompecabezas que podría redefinir nuestra comprensión de la biología, la geología e incluso la historia de nuestro planeta. Por ejemplo, la identificación de bacterias extremófilas en el Lago Vostok ha proporcionado nuevas perspectivas sobre cómo la vida puede adaptarse a condiciones extremas, mientras que el análisis de los depósitos minerales ha revelado pistas sobre antiguos procesos volcánicos que podrían haber influido en el clima y la formación del continente antártico.

El Lago Vostok representa no solo una frontera científica, sino un símbolo de nuestra incesante sed de conocimiento y del deseo de explorar lo que queda por descubrir. Una puerta abierta a un universo de posibilidades que podría cambiar para siempre nuestra comprensión de la vida en la Tierra y más allá. Las investigaciones en curso nos recuerdan que la Antártida, aunque aparentemente estéril y desolada, esconde una abundancia de misterios que esperan ser desvelados. En un futuro no muy lejano, las profundidades del Lago Vostok podrían revelar secretos que reescriban los libros de ciencia y nos ofrezcan una visión completamente nueva de nuestro lugar en el universo.

LAS TECNOLOGÍAS UTILIZADAS PARA EXPLORAR LAS PROFUNDIDADES: SONAR, RADAR Y MAPEO GRAVITACIONAL

La exploración de las profundidades antárticas requiere un conjunto de tecnologías avanzadas capaces de superar desafíos únicos. El hielo de varios kilómetros que cubre el continente es un obstáculo significativo para el estudio de las formaciones subyacentes y las áreas subglaciares, como el Lago Vostok y otras características ocultas. Entre las principales tecnologías utilizadas se destacan el sonar, el radar de penetración de hielo y el mapeo gravitacional, herramientas que están revolucionando nuestra comprensión del continente más remoto de la Tierra. Por ejemplo, el sonar ha permitido mapear en detalle el fondo marino alrededor de las plataformas glaciares, revelando cañones submarinos ocultos. El radar ha confirmado la existencia de lagos subglaciares como el Lago Vostok y ha trazado la estratificación del hielo superior. El mapeo gravitacional, por su parte, ha identificado vastos depósitos sedimentarios, proporcionando valiosas pistas sobre la formación tectónica de la Antártida.

El sonar

El sonar, una tecnología basada en la emisión y detección de ondas acústicas, es esencial para mapear las superficies subacuáticas y las características del fondo. Aunque su uso directo bajo el hielo es limitado, el sonar es crucial en las áreas marinas circundantes y en las zonas donde el hielo flota, como las plataformas glaciares. Gracias a su capacidad para generar imágenes detalladas de las profundidades marinas, esta tecnología permite comprender mejor la morfología de las áreas cercanas a las capas de hielo, proporcionando información valiosa sobre los intercambios entre océanos y glaciares. Por ejemplo, el proyecto internacional ROSETTA-Ice utilizó el sonar para mapear los canales submarinos bajo la plataforma de Ross, revelando rutas de agua caliente que influyen en el derretimiento del hielo y su impacto en el aumento del nivel del mar.

El radar de penetración de hielo

El radar de penetración de hielo (GPR, por sus siglas en inglés) es una de las tecnologías más importantes para la exploración antártica. Esta técnica utiliza ondas electromagnéticas para penetrar el hielo y detectar las características subyacentes. Gracias al radar, los científicos pueden crear mapas tridimensionales de las estructuras glaciares y de los lagos subglaciares como el Lago Vostok. Por ejemplo, el análisis con radar ha permitido descubrir flujos de agua líquida en movimiento bajo el hielo, un fenómeno que proporciona valiosa información sobre el comportamiento dinámico de las capas de hielo y su contribución al cambio climático global. La información recopilada incluye espesores de hielo, estratificaciones internas e incluso la presencia de agua líquida oculta. Esta tecnología se ha mostrado indispensable para confirmar la existencia de ecosistemas únicos y para planificar perforaciones dirigidas evitando contaminaciones accidentales.

El mapeo gravitacional

Finalmente, el mapeo gravitacional representa otra herramienta fundamental para explorar las profundidades ocultas de la Antártida. Esta técnica se basa en la medición de las variaciones en el campo gravitacional terrestre, que pueden indicar diferencias en la densidad de las rocas subyacentes y revelar la presencia de depresiones o cuencas ocultas. Utilizando satélites como GRACE (Gravity Recovery and Climate Experiment), los científicos pueden obtener una visión detallada de la estructura geológica bajo la capa de hielo. El mapeo gravitacional es particularmente útil para identificar cuencas sedimentarias y estructuras tectónicas que podrían contener información crucial sobre la historia geológica del continente. Un ejemplo significativo es la cuenca subglacial de Gamburtsev, detectada gracias a esta tecnología, que ha revelado la presencia de una cadena montañosa enterrada bajo kilómetros de hielo, proporcionando pistas sobre las antiguas dinámicas tectónicas de la Antártida.

Combinación de tecnologías para descubrir la Antártida oculta

Combinando estas tecnologías, los científicos están gradualmente desvelando los misterios de la Antártida oculta. Por ejemplo, la integración de datos de sonar, radar y mapeo gravitacional ha llevado al descubrimiento de un vasto sistema de lagos y ríos subglaciares interconectados, demostrando la existencia de un ecosistema hídrico dinámico bajo la capa de hielo. Este hallazgo ha ampliado la comprensión de las interacciones entre el hielo, el agua y la geología, destacando cómo estos procesos afectan el balance hídrico y el comportamiento de las capas de hielo en el contexto del cambio climático. El uso integrado de sonar, radar y mapeo gravitacional permite construir una imagen cada vez más clara de las profundidades, proporcionando información vital no solo para comprender mejor el pasado de nuestro planeta, sino también para abordar los desafíos futuros relacionados con el cambio climático y el aumento del nivel del mar.

Las innovaciones tecnológicas no solo hacen posible explorar lo que antes parecía inalcanzable, sino que abren nuevas perspectivas sobre la comprensión del mundo natural y sus dinámicas ocultas.

LOS CRATONES Y LOS RESTOS DE LOS SUPERCONTINENTES COMO GONDWANA

Los cratones representan las partes más antiguas y estables de la corteza terrestre. Estas vastas porciones de litosfera, formadas hace miles de millones de años, están compuestas principalmente por rocas metamórficas e ígneas, y se encuentran en el centro de los continentes modernos. Ellos cuentan una historia fascinante de formación y fragmentación de los supercontinentes, entre los cuales se encuentra Gondwana, un antiguo continente que dominaba el hemisferio sur de la Tierra. Por ejemplo, Gondwana influyó en fenómenos climáticos globales, como las glaciaciones del Carbonífero, que contribuyeron a modelar los paisajes y los depósitos de carbón que aún usamos. Además, su fragmentación condujo a la creación de nuevos océanos y redibujó la circulación de las corrientes marinas, teniendo un impacto significativo en la evolución de los ecosistemas marinos y terrestres. Su estabilidad y composición los convierten en verdaderas "cápsulas del tiempo" de la memoria geológica del planeta, preservando vestigios de las condiciones primordiales de la Tierra.

Gondwana, que existió durante cientos de millones de años, fue uno de los principales supercontinentes de la historia geológica, reuniendo tierras que hoy pertenecen a continentes separados, como América del Sur, África, la Antártida, Australia y la Península India. Su formación data del período Proterozoico, hace unos 600 millones de años, cuando las placas tectónicas convergían, uniendo cratones preexistentes. Esta fusión dio lugar a una vasta área continental que desempeñó un papel crucial en la historia evolutiva de la Tierra, influyendo en el clima global, la distribución de las especies vivas y la dinámica de los océanos circundantes.

Los cratones que componían Gondwana, como el cratón de Kaapvaal en Sudáfrica o el cratón de la Amazonía en Sudamérica, son testigos de eventos tectónicos y climáticos extraordinarios. Al estudiar estos antiguos bloques de corteza, los científicos han descubierto pruebas de glaciaciones ocurridas hace más de 300 millones de años, trazando la ubicación de Gondwana cerca del Polo Sur durante el período Carbonífero. Estas pruebas incluyen depósitos de tillitas y huellas glaciales en rocas que hoy se encuentran en regiones ecuatoriales, un indicio fundamental para comprender el desplazamiento de las placas tectónicas. Estas huellas glaciares demuestran que las masas continentales de Gondwana originalmente se encontraban cerca del Polo Sur, ofreciendo una clara evidencia de los procesos de deriva continental y la dinámica global de la tectónica de placas. Estos cratones también revelan los procesos por los cuales el supercontinente se fragmentó, comenzando en el período Jurásico, cuando las fuerzas tectónicas comenzaron a separar las tierras que hoy forman los continentes del sur.

Uno de los aspectos más fascinantes del estudio de Gondwana y los cratones es la comprensión de las dinámicas tectónicas que influyeron en la formación de la litosfera terrestre. Los cratones proporcionan una ventana única al pasado profundo de la Tierra, revelando no solo cómo se formaron los supercontinentes, sino también cómo estos se fragmentaron a lo largo de las eras geológicas. La separación de Gondwana, por ejemplo, fue impulsada por la apertura del Océano Atlántico meridional y el Océano Índico, fenómenos que redibujaron la geografía de nuestro planeta e influyeron en el clima y la evolución de la vida. Este proceso dio lugar a la creación de nuevos márgenes continentales, donde se desarrollaron ecosistemas únicos, como los arrecifes de coral primitivos a lo largo de las costas del Océano Índico, y a la formación de cuencas sedimentarias ricas en recursos naturales, como los depósitos de petróleo y gas en la cuenca del Karoo en Sudáfrica.

La Antártida, que hoy aparece aislada e inhóspita, es una clave testigo de la fragmentación de Gondwana. Bajo sus kilómetros de hielo se encuentran cratones que alguna vez estuvieron conectados a regiones de África y Australia. Estas conexiones han sido mapeadas utilizando tecnologías avanzadas como el radar de penetración de hielo y el mapeo gravitacional, que han revelado detalles sobre la estructura interna de la litosfera y han permitido reconstruir con precisión la disposición original de los cratones durante la era de Gondwana. Los mapeos gravitacionales y sísmicos han revelado estas antiguas conexiones, ayudando a reconstruir la disposición de los continentes durante la era de Gondwana. Estos datos no solo confirman la historia tectónica de la Antártida, sino que también ofrecen pistas sobre su potencial minero y los depósitos de recursos naturales ocultos bajo el hielo, como hierro, cobre e incluso tierras raras. Además, el estudio de las cadenas montañosas enterradas, como las Montañas Gamburtsev, proporciona información sobre los orígenes de todo el continente antártico y su evolución.

La exploración de los cratones y los restos de Gondwana sigue siendo una de las fronteras más fascinantes de la geología. Cada nuevo descubrimiento añade una pieza al complejo rompecabezas de la historia terrestre, ayudándonos a comprender mejor cómo nuestro planeta ha evolucionado a través de miles de millones de años de cambios geológicos. Por ejemplo, un descubrimiento reciente reveló la existencia de antiguos ríos subglaciares en la Antártida, mapeados gracias a radar de penetración de hielo, que proporcionan información crucial sobre el derretimiento de las capas de hielo y su impacto en el nivel global del mar. Los modelos computarizados basados en los datos recogidos están permitiendo a los científicos simular la disposición de los supercontinentes en eras pasadas y predecir cómo la tectónica de placas podría redibujar la superficie terrestre en los próximos millones de años. Este viaje al tiempo profundo no es solo un estudio del pasado, sino una clave para prever cómo la Tierra podría seguir transformándose en el futuro, influyendo en la habitabilidad del planeta y la distribución de sus recursos esenciales.

CAPÍTULO 3: LAS PIRÁMIDES DE HIELO

LAS PRESUNTAS PIRÁMIDES EN LA ZONA DE LAS MONTAÑAS ELLSWORTH

Entre los misterios que rodean la Antártida, las llamadas pirámides de hielo ocupan un lugar destacado, alimentando especulaciones que van desde el mundo científico hasta el de las teorías de conspiración. Situadas en la cadena montañosa de las Montañas Ellsworth, estas formaciones rocosas han capturado la imaginación de muchos debido a su sorprendente forma piramidal. Una de las imágenes satelitales más emblemáticas muestra un pico particularmente regular, con lados que parecen casi perfectamente inclinados para formar un triángulo, lo que ha suscitado debates tanto entre geólogos como entre entusiastas de los misterios. Este pico en particular, conocido informalmente como "Pirámide Ellsworth", tiene una altura que supera los 4.000 metros y domina el paisaje circundante, ofreciendo una vista que parece desafiar las leyes de la casualidad natural, emergiendo como una anomalía en un paisaje dominado por hielo y nieve.

Las Montañas Ellsworth, que se extienden por más de 400 kilómetros, albergan algunos de los relieves más altos del continente antártico, como el Monte Vinson, la cima más alta. Dentro de esta vasta cadena montañosa, algunos picos han atraído atención por su similitud con pirámides artificiales. Las imágenes satelitales, junto con las fotos tomadas durante expediciones científicas, muestran picos que parecen ser demasiado regulares para ser completamente obra de la naturaleza. Esta aparente precisión geométrica ha planteado interrogantes sobre su origen y sobre la posible intervención humana o no terrestre.

¿Formaciones naturales o estructuras artificiales?

La explicación científica más aceptada es que estas pirámides son en realidad nunatak, como el célebre Monte Thor en Canadá, conocido por ser el acantilado vertical más alto del mundo. De manera similar a los nunatak de las Montañas Ellsworth, el Monte Thor presenta una forma sorprendentemente regular, demostrando cómo los procesos naturales pueden crear estructuras visualmente extraordinarias, es decir, picos rocosos que emergen por encima de la superficie de un glaciar o una capa de hielo. Este fenómeno no es raro en las regiones polares, donde los movimientos de los glaciares y la erosión contribuyen a modelar la roca subyacente en formas que pueden parecer sorprendentemente regulares. Sin embargo, esto no elimina por completo el encanto de sus características simétricas.

Por ejemplo, el geólogo Dr. Mitch Darcy, del German Research Center for Geosciences, ha señalado que la forma piramidal de algunos de estos nunatak es simplemente el resultado de procesos erosivos naturales, como el viento y las variaciones de temperatura. "La forma de una pirámide puede surgir naturalmente cuando la roca es lo suficientemente resistente como para soportar la erosión a lo largo de sus lados", explicó Darcy. A pesar de estas explicaciones racionales, la imaginación popular tiende a preferir interpretaciones más extraordinarias, alimentadas por una narrativa de misterio y descubrimiento.

El atractivo de las teorías de conspiración

Las teorías más especulativas ven en las pirámides de las

Montañas Ellsworth el signo de una civilización antigua, como lo sugieren algunas interpretaciones del mito de la Atlántida, que las consideran posibles templos construidos para rituales cósmicos. Un ejemplo de estas teorías se encuentra en las obras de Charles Hapgood, quien hipotetizó la existencia de una civilización avanzada capaz de mapear el globo y que habría dejado rastros precisamente en la Antártida antes del congelamiento del continente. Algunos vinculan estas estructuras al mito de la Atlántida, sugiriendo que eran templos o edificios ceremoniales diseñados para fines aún desconocidos. Otros sugieren que estas pirámides son la prueba de una presencia extraterrestre, quizás utilizadas como puntos de aterrizaje o bases operativas para tecnologías avanzadas.

Otro elemento que alimenta tales hipótesis es la falta de acceso público a muchas áreas de la Antártida, lo que deja amplio espacio a la especulación. Las imágenes satelitales disponibles, aunque fascinantes, no pueden proporcionar detalles suficientes para determinar con certeza el origen de estas estructuras. Esta ambigüedad visual contribuye aún más al misterio, llevando a algunos a suponer que las autoridades internacionales puedan tener interés en ocultar las verdaderas implicaciones de tales descubrimientos.

La perspectiva científica y los desafíos de la investigación

Para los investigadores, el verdadero desafío es obtener datos detallados en un ambiente extremadamente inhóspito. Un ejemplo reciente es la expedición internacional de 2019, en la que un equipo de científicos utilizó equipos de vanguardia para recoger datos geológicos detallados. Esta misión permitió recoger muestras únicas de roca, pero también destacó las dificultades extremas relacionadas con las condiciones meteorológicas impredecibles y el transporte de instrumentos sofisticados a áreas tan remotas. Las condiciones meteorológicas adversas, las temperaturas bajo cero y la dificultad para transportar equipos hacen que las investigaciones de campo sean una tarea ardua. A pesar de esto, algunas expediciones ya han recogido muestras de roca de las Montañas Ellsworth, confirmando su origen geológico natural. Sin embargo, los datos disponibles aún no son suficientes para disipar completamente el encanto de las interpretaciones alternativas.

Un proyecto particularmente ambicioso prevé el uso de drones y sensores avanzados para mapear toda la zona en alta definición, con la esperanza de responder de una vez por todas a las preguntas sobre las presuntas pirámides. Estos instrumentos, junto con el uso de radares de alta penetración, podrían proporcionar una visión más completa de la conformación del terreno y sus características ocultas. La ciencia, sin embargo, procede con cautela, evitando alimentar expectativas irreales, pero reconociendo la importancia de comprender a fondo estas estructuras naturales y su contexto histórico y geológico.

Un misterio que persiste

A pesar de las explicaciones científicas, las pirámides de hielo siguen siendo un tema de debate y fascinación. Un descubrimiento reciente en 2022 alimentó aún más el misterio: las imágenes radar de alta penetración revelaron una conformación subterránea única que parece sugerir un origen geológico inusual. Esto ha impulsado nuevos proyectos de investigación para explorar aún más la región, subrayando la importancia de continuar investigando para desvelar los secretos que estas enigmáticas formaciones podrían esconder. Ya sea que se trate de formaciones naturales extraordinarias o de algo más enigmático, estas estructuras representan un símbolo del vasto potencial inexplorado de la Antártida. Para muchos, su simple existencia es una invitación a continuar explorando, a hacer preguntas y a buscar respuestas en uno de los lugares más misteriosos de nuestro planeta.

La Antártida, con su aislamiento extremo y su historia geológica única, ofrece un contexto ideal para investigaciones científicas y especulaciones. Las pirámides de las Montañas Ellsworth son un ejemplo perfecto: un fenómeno que une la maravilla de la naturaleza con la insaciable curiosidad humana. Representan una advertencia de nunca dejar de explorar, recordándonos que, incluso en los lugares más remotos de la Tierra, aún hay historias que esperan ser contadas.

CAPÍTULO 3: LAS PIRÁMIDES DE HIELO

EL ANÁLISIS CIENTÍFICO DE LAS FORMACIONES NATURALES: ¿NUNATAK O CONSTRUCCIONES ANTIGUAS?

Las misteriosas estructuras localizadas en el área de las Montañas Ellsworth continúan suscitando profundos interrogantes. Un fascinante anécdota data de la década de 1960, cuando una expedición internacional descubrió formaciones que parecían artificiales, lo que dio lugar a la especulación de que podrían haber sido construidas por una civilización perdida. Este episodio, junto con innumerables debates científicos, ha alimentado aún más el aura de misterio que rodea estas enigmáticas estructuras. Por un lado, la comunidad científica sostiene que estas formaciones son el resultado de procesos geológicos naturales, como la aparición de nunatak, mientras que por otro, algunas teorías especulativas sugieren que podrían tratarse de construcciones artificiales hechas por civilizaciones antiguas o incluso por entidades extraterrestres. Esta dualidad de interpretaciones refleja no solo el enorme atractivo de la Antártida, sino también los límites de nuestro conocimiento actual. Su existencia plantea preguntas más amplias sobre la evolución geológica del planeta y las posibilidades de una historia olvidada que involucra al continente más remoto del mundo.

Los nunatak: la explicación geológica

Según la geología, los nunatak son picos rocosos que emergen por encima de una capa de hielo o un glaciar. Estas formaciones se crean cuando las fuerzas erosivas del hielo y el viento modelan las rocas expuestas, creando estructuras que a veces parecen sorprendentemente regulares. Un ejemplo famoso es el Monte Thor en Canadá, cuyo acantilado vertical es el más alto del mundo. De manera similar a los nunatak de las Montañas Ellsworth, el Monte Thor presenta una forma sorprendentemente regular, demostrando cómo los procesos naturales pueden crear estructuras visualmente extraordinarias, es decir, picos rocosos que emergen sobre la superficie de un glaciar o una capa de hielo. Este fenómeno no es raro en las regiones polares, donde los movimientos de los glaciares y la erosión contribuyen a modelar la roca subyacente en formas que pueden parecer sorprendentemente regulares. Sin embargo, esto no elimina por completo el encanto de sus características simétricas.

Por ejemplo, el geólogo Dr. Mitch Darcy, del German Research Center for Geosciences, ha señalado que la forma piramidal de algunos de estos nunatak es simplemente el resultado de procesos erosivos naturales, como el viento y las variaciones de temperatura. "La forma de una pirámide puede surgir naturalmente cuando la roca es lo suficientemente resistente como para soportar la erosión a lo largo de sus lados", explicó Darcy. A pesar de estas explicaciones racionales, la imaginación popular tiende a preferir interpretaciones más extraordinarias, alimentadas por una narrativa de misterio y descubrimiento.

Las teorías alternativas: ¿construcciones antiguas o extraterrestres?

Las teorías alternativas atribuyen a estas estructuras un origen no natural. Algunos investigadores independientes, inspirados por los mitos de la Atlántida y las teorías de los visitantes extraterrestres, especulan que las pirámides de las Montañas Ellsworth podrían ser los restos de edificios construidos por civilizaciones avanzadas desaparecidas. Charles Hapgood, uno de los pioneros de estas teorías, sugirió que la Antártida estuvo habitada antes de que se convirtiera en una tierra helada, avanzando la hipótesis de que civilizaciones antiguas, con conocimientos avanzados, pudieron haber construido templos u observatorios astronómicos. Hapgood sostenía que el continente estuvo ubicado en una posición geográfica diferente, más templada, debido a una teoría sobre el desplazamiento de la corteza terrestre, citada en su libro *Earth's Shifting Crust*. Esta teoría, respaldada por Albert Einstein en la introducción del libro, hipotetizaba que grandes desplazamientos tectónicos podrían explicar la presencia de estructuras aparentemente artificiales en regiones que hoy son inhóspitas.

Otros sostienen que las formas geométricas podrían haber sido utilizadas como puntos de referencia para navegantes antiguos o incluso para tecnologías avanzadas relacionadas con entidades extraterrestres. Esta visión es frecuentemente alimentada por imágenes satelitales que muestran perfiles perfectamente triangulares, lo que lleva a algunos a creer que se trata de obras intencionales más que de coincidencias naturales. Además, algunas fuentes históricas y tradiciones orales de culturas indígenas sugieren que el continente antártico podría haber tenido un papel simbólico o espiritual, lo que refuerza aún más estas hipótesis especulativas.

Desafíos y avances en la investigación

Explorar el origen de estas formaciones sigue siendo un desafío colosal. Las expediciones científicas en la Antártida están limitadas por condiciones meteorológicas adversas, logística compleja y altos costos. A pesar de estas dificultades, los avances tecnológicos están abriendo nuevas posibilidades. El uso de radares de alta penetración y drones equipados con sensores avanzados permite mapear en detalle las estructuras y el subsuelo. Por ejemplo, durante una expedición llevada a cabo en 2020, un equipo internacional utilizó drones dotados de LIDAR y sensores geológicos para examinar las formaciones en el área de las Montañas Ellsworth. Este enfoque permitió crear modelos tridimensionales de las estructuras, revelando detalles nunca antes observados y proporcionando valiosas pistas sobre su origen. Estos instrumentos también están ayudando a los científicos a recopilar datos que podrían ofrecer una visión más clara sobre los orígenes de estas formaciones.

En 2019, una expedición internacional recopiló datos geológicos de alta resolución, contribuyendo a aclarar el origen natural de las pirámides de hielo. Sin embargo, algunos detalles aún permanecen inexplicables, dejando espacio para más investigaciones y teorías. Por ejemplo, un análisis reciente de las muestras de roca reveló la presencia de minerales raros, lo que podría indicar condiciones geológicas únicas y aún poco comprendidas. Un proyecto particularmente ambicioso prevé el uso de drones y sensores avanzados para mapear toda la zona en alta definición, con la esperanza de responder de una vez por todas a las preguntas sobre las presuntas pirámides. Estos instrumentos, junto con el uso de radares de alta penetración, podrían proporcionar una visión más completa de la conformación del terreno y sus características ocultas. La ciencia, sin embargo, procede con cautela, evitando alimentar expectativas irreales, pero reconociendo la importancia de comprender a fondo estas estructuras naturales y su contexto histórico y geológico.

Conclusión: entre ciencia y misterio

Las formaciones en la Antártida representan una encrucijada entre la ciencia y la imaginación. Ya sea que se trate de maravillas naturales o de testimonios de un pasado enigmático, estas estructuras siguen cautivando la atención de estudiosos y aficionados. Su estudio no solo profundiza nuestra comprensión del planeta, sino que también alimenta el deseo de explorar los misterios aún ocultos de la Tierra.

En un mundo cada vez más conectado, la Antártida sigue siendo una frontera del desconocido. La investigación científica y las teorías especulativas seguirán entrelazándose, ofreciendo nuevas perspectivas sobre un continente que guarda secretos que tal vez aún no estamos listos para desvelar. Las pirámides de hielo, con su presencia enigmática, son un símbolo de la insaciable curiosidad humana y de la capacidad de la naturaleza para inspirar asombro, empujándonos a seguir explorando y buscando respuestas en uno de los lugares más remotos y misteriosos de nuestro planeta. El futuro de la investigación científica en la Antártida podría llevarnos a descubrimientos que revolucionarán nuestra comprensión de la historia terrestre y sus dinámicas. ¿Qué sucedería si fuéramos capaces de desvelar completamente estos secretos? Tal vez, algún día, estas investigaciones podrían incluso reescribir partes de la historia humana, conectando mundos antiguos y modernos de maneras que hoy solo podemos imaginar.

PARALELISMOS CON OTRAS ESTRUCTURAS SIMILARES EN LUGARES REMOTOS COMO EL TÍBET Y EL AMAZONAS

La Antártida, con sus enigmáticas formaciones de hielo, no es el único lugar en nuestro planeta que alberga estructuras naturales o artificiales que han alimentado misterios y teorías. Otros lugares remotos, como las altas tierras del Tíbet y las densas selvas del Amazonas, ofrecen paralelismos intrigantes que enriquecen aún más el debate sobre el significado de estas maravillas. La vastedad y el aislamiento de estas regiones no solo estimulan la imaginación, sino que subrayan cuánto aún desconocemos sobre nuestro planeta y sus posibles historias olvidadas.

Las estructuras del Tíbet: misterios entre las montañas

En el corazón del Himalaya, el Tíbet alberga estructuras que han fascinado a estudiosos y místicos durante siglos. Entre ellas, se encuentran las llamadas "pirámides tibetanas", como el Monte Machapuchare, un pico particularmente simétrico y geométrico, que parece casi recordar a las pirámides egipcias. Su forma triangular y el modo en que domina el paisaje circundante han inspirado mitos y leyendas, contribuyendo al atractivo enigmático de estas formaciones naturales. Aunque la ciencia atribuye estas formaciones a procesos naturales, como la erosión selectiva y los movimientos tectónicos, las tradiciones locales hablan de lugares sagrados creados por los antiguos para alinearse con las estrellas.

Por ejemplo, el Monte Kailash, considerado sagrado por varias religiones, está en el centro de leyendas que lo describen como una estructura antigua construida por civilizaciones avanzadas para conectarse con las energías cósmicas. Una de las historias más famosas cuenta que el Kailash fue modelado por deidades para servir como un puente entre el cielo y la tierra, y que cada año, durante ciertos eventos astronómicos, emite una energía única percibida por los peregrinos. Según un antiguo texto tibetano, se narra que quienes completen la peregrinación alrededor de la montaña en sentido horario se liberarán de todos los pecados de su vida, un signo del profundo simbolismo atribuido a este misterioso pico. La simetría de la montaña y su alineación con eventos astronómicos específicos se citan a menudo como pruebas de una intención de diseño. Además, el Kailash es visto como un punto focal para la energía espiritual y cósmica, un concepto que resuena con las teorías que atribuyen a las pirámides antárticas significados simbólicos o funcionales. Estos paralelismos sugieren una posible universalidad en la forma en que las civilizaciones antiguas interactuaban con su entorno natural y con el cosmos.

El Amazonas: estructuras perdidas en la selva

Al otro lado del mundo, las selvas del Amazonas esconden misterios igualmente profundos. Recientes descubrimientos arqueológicos han revelado la presencia de antiguas pirámides de tierra y complejos ceremoniales que datan de civilizaciones precolombinas. Estos sitios, enterrados bajo la vegetación durante siglos, sugieren una organización avanzada y un conocimiento sofisticado de la astronomía y la ingeniería.

Un ejemplo significativo son las estructuras conocidas como geoglifos, inmensas figuras geométricas trazadas en el suelo, a menudo visibles solo desde el aire. Estos geoglifos, como los de la Valle del Río Branco, están orientados hacia fenómenos astronómicos como los solsticios y los equinoccios. Por ejemplo, el geoglifo conocido como el Círculo de Río Branco está orientado de manera que captura la luz del sol durante el solsticio de invierno, creando un efecto visual extraordinario que podría haber sido utilizado para ceremonias rituales o como calendario astronómico. De manera similar, algunas pirámides de tierra en la región amazónica parecen haber sido diseñadas para rituales relacionados con la fertilidad o para observaciones celestes, reforzando la idea de que estas civilizaciones diseñaron sus asentamientos con un profundo sentido de conexión con el cosmos. Estos descubrimientos destacan una sorprendente convergencia de conocimientos entre civilizaciones distantes en el tiempo y el espacio.

Las leyendas locales añaden aún más fascinación al misterio. Los indígenas hablan de antiguos pueblos que vivían en ciudades ahora sumergidas o escondidas por la selva. Algunas tradiciones cuentan historias de "lugares luminosos" protegidos por divinidades o seres avanzados, paralelismos sugestivos con las teorías que atribuyen a las pirámides antárticas un origen no terrestre.

Un hilo conductor global

Ya sea fruto de procesos naturales o de manos humanas, estas estructuras en el Tíbet, Amazonas y Antártida parecen compartir un tema común: un vínculo profundo con la naturaleza y un posible propósito simbólico o funcional. Por ejemplo, muchas de estas estructuras presentan una orientación precisa hacia fenómenos astronómicos, como el Monte Kailash en el Tíbet y los geoglifos de la Valle del Río

Branco en el Amazonas. Ambos parecen representar una interacción consciente con el cosmos, un paralelismo que invita a preguntarse sobre una posible conexión entre las civilizaciones que las crearon. Las teorías especulativas sugieren que civilizaciones antiguas pudieron haber tenido un conocimiento compartido, transmitido a través de los continentes y las épocas. Esta idea, aunque controvertida, invita a considerar la existencia de conexiones globales entre culturas aparentemente aisladas.

Los estudiosos que apoyan esta teoría suelen señalar similitudes en la arquitectura, la orientación astronómica e incluso en los mitos que rodean estas estructuras. En un contexto como el de la Antártida, la ausencia de documentación histórica añade una capa adicional de misterio, alimentando la imaginación y llevando la investigación hacia nuevas fronteras. La posibilidad de que conocimientos perdidos puedan estar enterrados bajo hielo o selvas impenetrables nos recuerda cuánto aún hay por descubrir sobre nuestro pasado.

Implicaciones para la investigación futura

La comparación entre estas estructuras es más que un ejercicio académico: representa una ventana a las posibilidades de descubrir patrones comunes en la historia de la humanidad. Mientras los científicos siguen utilizando tecnologías avanzadas para estudiar estas formaciones, es fundamental mantener una mente abierta, equilibrando el análisis científico con la exploración de las tradiciones y los mitos locales. Por ejemplo, drones equipados con sensores lidar y radares de alta penetración ya están proporcionando detalles sin precedentes sobre las formaciones en la Antártida, como el mapeo de cráteres ocultos y sistemas de cuevas que antes eran desconocidos. Estas tecnologías también han permitido el descubrimiento de una vasta red de canales bajo el hielo, considerados clave para comprender los movimientos glaciales y los cambios climáticos. Podrían aplicarse también en otras áreas remotas, como las montañas del Tíbet o las selvas del Amazonas, para revelar nuevos misterios enterrados por el tiempo y la naturaleza.

En definitiva, lugares remotos como la Antártida, el Tíbet y el Amazonas nos recuerdan que nuestro planeta sigue lleno de enigmas por desvelar y de historias por contar. A través de la combinación de ciencia, tradición e imaginación, podemos acercarnos a una comprensión más profunda de las maravillas que nos rodean, alimentando el deseo de explorar y preservar estos tesoros únicos de la Tierra.

PARTE II: ATLÁNTIDA Y LAS CONEXIONES PERDIDAS

CAPÍTULO 4: ATLÁNTIDA - ¿UNA CIVILIZACIÓN SEPULTADA EN EL HIELO?

PLATÓN Y EL MITO DE ATLÁNTIDA: RESONANCIAS CON EL CONTINENTE ANTÁRTICO

En el siglo IV a.C., el filósofo griego Platón presentó al mundo el fascinante mito de Atlántida, una civilización avanzada que, según se dice, fue tragada por las aguas tras una catástrofe repentina. Como se relata en el *Crítias*, Platón escribe: "En un solo día y una sola noche de desgracia, toda la estirpe guerrera fue engullida por la Tierra, y la isla de Atlántida desapareció en lo profundo del mar." Descrita como una isla de extraordinaria prosperidad y sabiduría, Atlántida continúa estimulando la imaginación de estudiosos y soñadores, alimentando especulaciones sobre dónde pudo haber existido esta civilización y qué pudo haberla destruido. Pero, ¿es posible que Atlántida no haya sido tragada por el océano, sino sepultada bajo una capa de hielo en un lugar remoto como la Antártida? Platón describe a Atlántida como una poderosa nación marinera situada "más allá de las Columnas de Hércules", un lugar que algunos interpretan como el Estrecho de Gibraltar. Su civilización era avanzada en ciencia, arquitectura y organización social, con ciudades dispuestas en círculos concéntricos y un palacio central cubierto de metales preciosos. Sin embargo, el castigo divino por la corrupción y la avaricia de sus habitantes habría llevado a su desaparición en un solo día y una sola noche. Las teorías que vinculan a Atlántida con la Antártida se basan en una serie de sugerencias. La idea de que el continente antártico no siempre estuvo cubierto de hielo está respaldada por pruebas geológicas que indican un pasado templado, cuando la Antártida formaba parte del supercontinente Gondwana. Por ejemplo, se han encontrado fósiles de plantas como helechos y coníferas, junto con sedimentos tropicales que dan testimonio de un clima mucho más cálido y hospitalario en comparación con el actual. Algunos suponen que un repentino desplazamiento de la corteza terrestre, conocido como "desplazamiento polar", pudo haber empujado a la Antártida hacia el Polo Sur, congelándola rápidamente y preservando cualquier rastro de una civilización avanzada que allí residía. Esta teoría también se alimenta de la *carta de Piri Reis*, un mapa náutico del siglo XVI que parece mostrar la costa antártica libre de hielo. Los estudiosos sugieren que este mapa podría haber sido realizado utilizando conocimientos transmitidos por antiguas civilizaciones, aunque otros creen que es el resultado de interpretaciones imprecisas de mapas anteriores. Las principales controversias giran en torno a la supuesta precisión de los detalles geográficos y la posibilidad de que realmente represente la Antártida antes de la era glaciar. Si bien los científicos han propuesto explicaciones racionales sobre cómo se hizo este mapa, algunos investigadores sostienen que es una prueba de conocimientos geográficos avanzados transmitidos por una civilización perdida.

Además, las similitudes entre las descripciones de Platón y

algunas características geográficas de la Antártida son intrigantes. Las ciudades circulares descritas por el filósofo griego podrían haber sido inspiradas por formaciones naturales como cráteres o depresiones glaciales. Un ejemplo concreto es el cráter de Hiawatha, enterrado bajo la capa de hielo de Groenlandia, que ofrece una pista fascinante sobre cómo formaciones similares podrían existir también en la Antártida, lo que alimenta aún más el vínculo entre mito y geología. Otras teorías más especulativas sugieren que estructuras artificiales, similares a las de Atlántida, podrían estar aún ocultas bajo el hielo y podrían ser reveladas gracias a tecnologías modernas como el radar de penetración del suelo.

Mientras la ciencia oficial sigue siendo escéptica respecto a una conexión entre Atlántida y la Antártida, la idea sigue fascinando. La Antártida, con sus misterios ocultos bajo kilómetros de hielo, representa para muchos la última frontera del descubrimiento terrestre. Y Atlántida, símbolo de la civilización perdida, ha alimentado durante siglos el deseo humano de respuestas sobre nuestros orígenes. Explorar estas conexiones no solo significa imaginar el pasado, sino también mirar hacia el futuro. Las nuevas tecnologías, como los satélites de alta resolución y las sondas de penetración del hielo, podrían algún día revelar si debajo de la Antártida existen rastros de una antigua civilización. Por ejemplo, los descubrimientos recientes mediante el uso de radar de penetración han permitido mapear en detalle el subsuelo antártico, desvelando características sorprendentes como el Lago Vostok, una cuenca de agua líquida enterrada bajo cuatro kilómetros de hielo. Tales tecnologías también podrían ayudar a identificar formaciones o estructuras que podrían proporcionar pistas sobre asentamientos humanos pasados o civilizaciones avanzadas. Además, la creciente curiosidad científica podría conducir a una comprensión más profunda no solo de las historias mitológicas, sino también de las transformaciones geológicas y climáticas de nuestro planeta. 65

Que Atlántida sea real o solo un mito, su asociación con la Antártida nos recuerda que cada leyenda tiene un fondo de verdad, y cada verdad puede esconder nuevos misterios por descubrir. Juntos, estos dos símbolos evocan el misterio y el deseo humano de descubrir y comprender nuestros orígenes.

EL DESPLAZAMIENTO DE LOS POLOS Y LA HIPÓTESIS DEL DESLIZAMIENTO DE LA CORTEZA TERRESTRE

Entre las teorías más fascinantes relacionadas con el misterioso continente antártico, destaca la del desplazamiento de los polos y el deslizamiento de la corteza terrestre, por sus implicaciones revolucionarias. Según esta hipótesis, formulada por científicos y apoyada por algunos investigadores independientes, la Antártida no siempre estuvo situada en el Polo Sur, sino que en el pasado ocupaba una posición más templada. Este cambio en la ubicación geográfica podría haber permitido el desarrollo de ecosistemas ricos y diversificados, similares a los que hoy se encuentran en las regiones tropicales, influenciando profundamente las dinámicas climáticas y biológicas del planeta. Algunos estudiosos incluso sugieren que una posición de este tipo podría haber sustentado culturas humanas antiguas, aunque estas ideas siguen siendo especulativas y requieren más evidencias para ser verificadas.

La idea detrás del deslizamiento de la corteza

El deslizamiento de la corteza terrestre es un fenómeno teórico en el cual toda la capa externa sólida de la Tierra se desplaza con respecto al núcleo interno. Esta hipótesis, propuesta particularmente por Charles Hapgood, profesor de historia con un gran interés en las ciencias geológicas, en su libro *"Earth's Shifting Crust"* publicado en los años 50, sugiere que enormes fuerzas tectónicas o perturbaciones gravitacionales podrían haber causado un cambio rápido en la posición de los polos geográficos. Su formación académica y su enfoque interdisciplinario le permitieron desarrollar una teoría que, aunque controversial, inspiró significativos debates tanto entre geólogos como entre investigadores independientes. Hapgood postuló que tales eventos habrían tenido un impacto catastrófico sobre el clima global, desplazando continentes enteros hacia regiones polares o tropicales en un período de solo unos pocos miles de años.

Según Hapgood, la corteza terrestre no está fijada rígidamente sobre el manto subyacente, sino que puede deslizarse sobre él debido a desequilibrios de masa o cambios en la distribución del peso terrestre, como el acumulamiento de hielo en los polos. Esta hipótesis, aunque no verificada, abrió el camino a nuevas reflexiones sobre la dinámica terrestre y sus implicaciones climáticas.

Las pruebas geológicas

Una de las principales evidencias que respalda esta teoría es la presencia de fósiles tropicales y sedimentos encontrados bajo la capa de hielo antártica, como helechos, coníferas y otros tipos de flora prehistórica. Estos hallazgos no solo confirman que la Antártida alguna vez albergó un clima templado, sino que también sugieren un ecosistema floreciente que podría haber sustentado una amplia variedad de formas de vida. Estos ejemplos hacen que la hipótesis de que el continente, en un pasado remoto, fuera un lugar muy diferente al que conocemos hoy sea aún más intrigante. Helechos, coníferas y otros tipos de flora prehistórica sugieren que, en un pasado distante, el continente estuvo cubierto por bosques exuberantes.

Además, formaciones geológicas como el Lago Vostok, una enorme cuenca de agua líquida sepultada bajo kilómetros de hielo, dan testimonio de un clima significativamente diferente al actual. Los isótopos de oxígeno recuperados de las muestras de hielo revelan fluctuaciones climáticas que podrían explicarse por desplazamientos de la corteza. Otras descubrimientos incluyen capas de carbón y restos de plantas que datan de períodos en los que la Antártida se encontraba en una posición más ecuatorial. Estas evidencias refuerzan la idea de que el continente experimentó cambios drásticos, no solo en su ubicación geográfica, sino también en su capacidad para sustentar ecosistemas complejos.

La conexión con Atlántida

Algunos defensores de las teorías alternativas han vinculado el deslizamiento de la corteza con la leyenda de Atlántida. Según esta visión, un cambio repentino en la posición de la Antártida habría congelado rápidamente cualquier civilización avanzada presente en el continente, dejándola atrapada en un instante congelado en el tiempo. Este proceso no solo habría preservado estructuras arquitectónicas y herramientas, sino también fragmentos de cultura e historia, congelándolos bajo kilómetros de hielo. Imaginar que bajo la capa de hielo antártica puedan yacer bibliotecas, templos o incluso ciudades enteras sepultadas, plantea preguntas sobre lo que un posible descubrimiento podría revelar. La posibilidad de que tales rastros estén perfectamente conservados ofrece un atractivo irresistible para científicos, historiadores y aventureros, alimentando tanto la curiosidad académica como las especulaciones más audaces. Platón, en sus diálogos *"Timeo"* y *"Crítias"*, describe una isla próspera destruida "en una sola noche"; para algunos, esta descripción coincide sorprendentemente con las consecuencias de un evento de deslizamiento de la corteza.

La idea de que Atlántida pudiera encontrarse en la Antártida también se encuentra en las teorías que sugieren que antiguos mapas, como el de Piri Reis, representaban la costa del continente antes de que fuera cubierto por el hielo. Según algunos investigadores, estos mapas podrían representar conocimientos geográficos avanzados transmitidos por civilizaciones perdidas, aunque las interpretaciones son altamente controvertidas.

El debate científico

Aunque fascinante, la hipótesis del deslizamiento de la corteza terrestre no es generalmente aceptada por la comunidad científica. Los científicos subrayan que los movimientos tectónicos y la deriva de los continentes son procesos mucho más lentos, distribuidos en millones de años, en lugar de eventos rápidos y catastróficos. Además, la presencia de fósiles tropicales en la Antártida puede explicarse por el pasado geológico del continente, cuando formaba parte del supercontinente Gondwana, situado en regiones más cercanas al ecuador.

Sin embargo, algunos descubrimientos recientes están ampliando nuestra comprensión de las dinámicas terrestres. Estudios sobre los movimientos del núcleo terrestre sugieren que pequeños desplazamientos en el campo magnético podrían influir sobre las placas tectónicas. Aunque estos fenómenos no coinciden exactamente con el deslizamiento de la corteza propuesto por Hapgood, demuestran cuán poco sabemos sobre las interacciones entre las diferentes componentes de nuestro planeta.

Posibles implicaciones futuras

A pesar del escepticismo, algunos descubrimientos modernos reavivan el interés por fenómenos de gran escala. Por ejemplo, las tecnologías de radar de penetración del suelo y mapeo satelital están revelando detalles sin precedentes bajo la capa de hielo antártica. Estos instrumentos podrían proporcionar nuevas pruebas sobre la historia geológica y climática del continente, y quizás incluso rastros de civilizaciones antiguas. Además, la Antártida continúa representando un laboratorio natural para el estudio de las dinámicas climáticas y tectónicas. Comprender cómo los cambios pasados modelaron el continente podría ofrecer pistas cruciales sobre cómo enfrentar los desafíos climáticos futuros. En conclusión, la hipótesis del deslizamiento de la corteza terrestre sigue siendo un tema que estimula la curiosidad y la creatividad, planteando preguntas fundamentales sobre el pasado de la Tierra y sus transformaciones. Ya sea que se trate de un continente sepultado bajo el hielo o de una explicación geológica alternativa, la Antártida continúa representando un enigma que invita a la humanidad a explorar y soñar. Las respuestas, si existen, probablemente están ocultas bajo kilómetros de hielo, esperando ser descubiertas por las generaciones futuras.

LAS COINCIDENCIAS GEOLÓGICAS Y LOS RELATOS SOBRE LAS CIVILIZACIONES PERDIDAS

La historia de nuestro planeta está intrínsecamente ligada a sus características geológicas, y algunas de estas parecen entrelazarse de manera sorprendente con los relatos sobre civilizaciones perdidas. Mitos y leyendas provenientes de culturas de todo el mundo, como Atlántida, Mu y Lemuria, a menudo se superponen con detalles geográficos y fenómenos geológicos que alimentan la curiosidad y las especulaciones. Estas narrativas no solo evocan imágenes de mundos desaparecidos, sino que también ofrecen pistas para profundizar en la conexión entre la memoria colectiva y los procesos naturales que han moldeado nuestro planeta.

Una de las coincidencias más intrigantes tiene que ver con la idea de continentes sumergidos o fragmentados, que encuentra eco en las teorías sobre la deriva de los continentes y la tectónica de placas. Por ejemplo, la hipotética ubicación de Atlántida ha sido asociada con regiones como el Océano Atlántico o el Mar Mediterráneo, donde eventos catastróficos como el colapso de la caldera de Santorini o el repentino aumento del nivel del mar durante el Meltwater Pulse 1A, hace unos 14.000 años, podrían haber borrado huellas de antiguas civilizaciones. De manera similar, la teoría de Lemuria, un continente que habría conectado la India con Madagascar y Australia, se entrelaza con los descubrimientos geológicos de cadenas montañosas sumergidas y plataformas continentales que en el pasado pudieron haber estado emergidas. Estos escenarios sugieren que la dinámica de la Tierra jugó un papel crucial en el modelado tanto del ambiente físico como de las tradiciones mitológicas.

Estas conexiones entre geología y mito no están exentas de fundamento científico. Por ejemplo, el hallazgo de fósiles idénticos en continentes hoy separados, como el Mesosaurus en Sudamérica y África, es una prueba que respalda la teoría de la Pangea y la posterior fragmentación de los supercontinentes. Este fenómeno, aunque explicado por la ciencia moderna, alimenta la imaginación colectiva sobre civilizaciones antiguas que pudieron haber habitado estas tierras antes de que fueran separadas por los movimientos tectónicos. De manera similar, las formaciones basálticas en terrazas, como las Deccan Traps en India o el Giant's Causeway en Irlanda, a veces se asocian con mitos de mundos perdidos o eventos catastróficos narrados en las tradiciones locales. Por ejemplo, el Giant's Causeway está vinculado a la leyenda irlandesa del gigante Finn McCool, quien supuestamente construyó el paso para cruzar el mar y enfrentarse a un rival en Escocia. Estos relatos entrelazan el paisaje natural con elementos épicos, destacando cómo las características geológicas han inspirado narrativas mitológicas que perduran en el tiempo.

Otro elemento fascinante es la existencia de estructuras megalíticas y antiguas construcciones que parecen desafiar las capacidades tecnológicas de las civilizaciones que las habrían realizado. Lugares como las pirámides de Giza, los megalitos de Stonehenge o las líneas de Nazca a veces se interpretan como huellas de conocimientos avanzados transmitidos por culturas anteriores o incluso por civilizaciones ahora perdidas. En muchos casos, estas estructuras se encuentran cerca de características geológicas únicas, como yacimientos minerales o fallas tectónicas, lo que sugiere una comprensión sofisticada del ambiente por parte de los antiguos. Por ejemplo, las pirámides de Giza están orientadas con una precisión extraordinaria con respecto a los puntos cardinales, un resultado que podría reflejar un conocimiento profundo de las dinámicas terrestres y celestes. Esta precisión ha sido interpretada, tanto en las tradiciones esotéricas como en los estudios modernos, como una indicación de conexiones con antiguas prácticas astronómicas. Algunos investigadores han hipotetizado que los egipcios podrían haber utilizado estrellas como Orión y la Estrella Polar para determinar la orientación de las estructuras, un elemento que sugiere una integración entre astronomía, religión e ingeniería.

Entre las coincidencias más curiosas se encuentra la presencia de mapas antiguos, como el famoso mapa de Piri Reis, que parecen representar territorios no conocidos en esa época, incluida una supuesta representación de la Antártida sin hielo. Aunque tales mapas pueden ser el resultado de interpretaciones posteriores o imprecisiones, continúan estimulando preguntas sobre el grado de conocimiento geográfico y geológico alcanzado por las civilizaciones antiguas. Algunos investigadores sugieren que estos mapas podrían haberse compilado utilizando fuentes aún más antiguas, ya perdidas, como antiguos portolanos o registros astronómicos detallados. Por ejemplo, algunos estudiosos hipotetizan que civilizaciones como los fenicios o los minoicos podrían haber desarrollado conocimientos geográficos avanzados que luego se perdieron con el tiempo, contribuyendo indirectamente a la creación de estos mapas enigmáticos.

Además, muchas tradiciones mitológicas hablan de eventos catastróficos, como grandes inundaciones o erupciones volcánicas, que habrían destruido civilizaciones enteras. Estos relatos encuentran correspondencias con eventos geológicos reales, como la erupción de Thera que contribuyó al declive de la civilización minoica o el Diluvio Universal, que podría reflejar el aumento del nivel del mar al final de la última era glacial. Otro ejemplo significativo es el impacto de asteroides, como el ocurrido en el Yucatán hace unos 66 millones de años, que aunque se asocia con la extinción de los dinosaurios, a veces se cita en leyendas como un evento destructivo global.

El vínculo entre geología y civilizaciones perdidas sigue suscitando preguntas e inspirando investigaciones. Aunque muchas teorías siguen siendo especulativas, ofrecen un punto de partida para explorar las conexiones entre ciencia y mito. La investigación moderna, con la ayuda de tecnologías avanzadas como la imagenología radar, los análisis de ADN antiguo y los mapeos submarinos, sigue buscando respuestas a estas fascinantes preguntas. Recientes exploraciones en los fondos del Océano Índico, por ejemplo, han revelado huellas de antiguos altiplanos sumergidos que podrían proporcionar pistas sobre los orígenes de mitos como el de Lemuria. Estos descubrimientos se han hecho posibles gracias a tecnologías avanzadas como los mapeos batimétricos de alta resolución y los sonar de múltiples haces, que han permitido identificar detalles geológicos ocultos bajo el sedimento oceánico. Los estudios de muestreo de sedimentos y análisis isotópicos también han proporcionado pruebas sobre la edad y el origen de estas estructuras sumergidas, apoyando la hipótesis de que pudieron haber sido partes emergidas en épocas geológicas pasadas. Tal vez algún día las profundidades de los océanos y los misterios del subsuelo revelarán finalmente la verdad detrás de las coincidencias entre geología y relatos de civilizaciones perdidas, llevándonos a reescribir partes fundamentales de nuestra historia.

CAPÍTULO 5: SHAMBHALA Y EL MITO DE LA TIERRA HUECA

INTRODUCCIÓN A LA LEYENDA DE SHAMBHALA

Entre los mitos más fascinantes que atraviesan épocas y culturas, el de Shambhala se erige como un faro de misterio y espiritualidad. Descrita como una tierra paradisíaca oculta por montañas impenetrables, Shambhala está frecuentemente asociada con las tradiciones budistas tibetanas, pero sus raíces se entrelazan con relatos de otros pueblos y con el enigmático concepto de la Tierra Hueca. Este capítulo explora el intrincado vínculo entre la leyenda de Shambhala, sus conexiones espirituales y la idea de un mundo subterráneo que podría guardar secretos inimaginables.

Shambhala en los textos sagrados y en la tradición

La leyenda de Shambhala – conocida también como Shangri-La en la cultura popular – aparece en los textos sagrados del budismo Kalachakra, como el *Kalachakra Tantra*. Este texto fundamental describe a Shambhala como un reino circular perfecto, protegido por montañas y simbólicamente representando la armonía entre el macrocosmos y el microcosmos. El *Kalachakra Tantra* no solo traza sus contornos espirituales, sino que también introduce detalles geográficos y astrológicos que alimentan la convicción de su existencia real. Descrita como un reino de paz e iluminación, Shambhala es el lugar en el que sus habitantes, libres de sufrimiento y discordia, viven en perfecta armonía con la naturaleza y lo divino. Según la tradición, Shambhala está protegida por una energía mística que impide a los no iniciados encontrarla, y solo aquellos que han alcanzado un alto grado de pureza espiritual pueden acceder a ella. Este reino legendario es frecuentemente representado como un mandala perfecto, una representación simbólica del equilibrio cósmico. Se dice que, en un futuro apocalíptico, el rey de Shambhala guiará un ejército para restablecer el orden y la justicia en la Tierra, un evento esperado como la manifestación de la Edad de Oro.

Investigaciones e intentos de descubrimiento

Algunos estudiosos ven en Shambhala un potente arquetipo, un símbolo de esperanza y perfección que refleja la eterna búsqueda de la humanidad por un mundo mejor. Sin embargo, hay quienes sostienen que Shambhala podría no ser solo un mito. Los relatos tibetanos hablan de pasajes secretos que conducen a este reino oculto, y algunos exploradores y místicos han intentado localizar Shambhala en lugares remotos del Himalaya, como la región del Kunlun y el Monte Kailash, considerado sagrado y misterioso. Uno de los intentos más conocidos fue llevado a cabo por Nicholas Roerich, un pintor y filósofo ruso, quien en los años 20 lideró una expedición en Asia Central en busca de Shambhala. Durante su viaje, Roerich recogió historias locales sobre un reino espiritual oculto, alimentando aún más el mito con sus descripciones artísticas y filosóficas. Estos intentos, aunque sin evidencia tangible, siguen ejerciendo un fascinante atractivo, alimentando una mezcla de espiritualidad, leyenda y aventura.

La conexión con el subsuelo: Shambhala y la Tierra Hueca

La conexión con el subsuelo hace que el mito de Shambhala sea aún más intrigante. La leyenda se entrelaza con la idea de la Tierra Hueca, un concepto que ha fascinado a filósofos, escritores y científicos durante siglos. Según esta teoría, nuestro planeta oculta vastos espacios subterráneos habitados por civilizaciones avanzadas o seres sobrenaturales. Para algunos, Shambhala podría ser una de las ciudades principales de este mundo subterráneo, un lugar de sabiduría y tecnología superior, inaccesible desde la superficie. Las teorías de la Tierra Hueca, aunque no confirmadas por la ciencia, han encontrado eco en muchas tradiciones culturales, sugiriendo que los antiguos conocimientos geográficos podrían haberse reinterpretado de manera mitológica.

Uno de los puntos de encuentro más interesantes entre el mito de Shambhala y la Tierra Hueca se encuentra en los relatos de exploradores como Ferdinand Ossendowski, un viajero polaco que, a principios del siglo XX, recopiló historias sobre un reino subterráneo llamado "Agartha" durante sus viajes por Asia Central. Las similitudes entre Shambhala y Agartha son notables: ambos reinos son descritos como lugares de paz, conocimiento avanzado y protección divina, conectados por pasajes secretos y defendidos por poderosas fuerzas espirituales. En la tradición hindú, Agartha a veces se asocia con Shvetadvipa, una tierra sagrada mencionada en los Purana, descrita como la morada de sabios iluminados y guardianes de antiguas verdades. Estos vínculos subrayan cómo ambas leyendas están impregnadas de una fuerte componente espiritual y simbólica, basada en la búsqueda de una armonía universal. Ossendowski relató que los monjes tibetanos le hablaron de túneles subterráneos que atraviesan continentes enteros, conectando Shambhala con otros puntos clave del planeta.

Estas narraciones, aunque no verificables, han contribuido a crear un vínculo entre el misticismo oriental y la curiosidad occidental.

La leyenda en el contexto moderno

Incluso los nazis se interesaron por el mito de Shambhala durante su intento de descubrir orígenes místicos y raciales. Las expediciones enviadas al Tíbet en los años treinta buscaban pruebas de una conexión entre la cultura tibetana y un supuesto pasado ario. Aunque estas expediciones no produjeron pruebas concretas, su interés contribuyó a alimentar la mitología de Shambhala en el contexto moderno. Documentos de la época revelan cómo el régimen nazi interpretaba Shambhala no solo como un lugar geográfico, sino como una fuente de poder esotérico capaz de influir en el destino del mundo.

Shambhala y la montaña sagrada: el Monte Kailash

La leyenda de Shambhala también se conecta con las tradiciones tibetanas que consideran las montañas como portales hacia otras dimensiones o reinos. El Monte Kailash, por ejemplo, es considerado el punto de encuentro entre el cielo y la Tierra, un lugar donde lo sagrado y lo material se fusionan. Para los practicantes budistas e hindúes, el Kailash no es solo una montaña, sino una representación física del mandala cósmico, con Shambhala en su centro espiritual. Los peregrinajes al Kailash se consideran una experiencia transformadora, un camino simbólico hacia la purificación y la iluminación.

La ciencia detrás del mito

En un contexto más científico, algunos investigadores han hipotetizado que las historias sobre la Tierra Hueca y Shambhala podrían haberse inspirado en fenómenos geológicos reales. Por ejemplo, un estudio reciente sobre el área del Tíbet utilizó técnicas de tomografía sísmica para mapear estructuras subterráneas profundas, revelando la presencia de enormes cavidades naturales que podrían haber alimentado los mitos sobre reinos ocultos. Estos estudios demuestran cómo los datos científicos pueden entrelazarse con antiguas leyendas, ofreciendo nuevas interpretaciones sobre el vínculo entre geología y mito. Las cavernas profundas y las formaciones subterráneas, como las descubiertas en regiones remotas de Asia, podrían haber dado origen a relatos sobre reinos ocultos. Por ejemplo, el sistema de cuevas de Krubera, uno de los más profundos del mundo, demuestra cómo vastos espacios subterráneos pueden existir y alimentar la imaginación colectiva. Descubrimientos como estos demuestran que nuestro planeta aún guarda misterios geológicos que podrían haber inspirado mitos milenarios.

Conclusión: Shambhala como viaje interior

Shambhala no es solo un símbolo de esperanza o una leyenda por descifrar; representa un viaje interior. Este tema ha sido explorado por autores como James Hilton en su novela *Horizonte Perdido*, donde Shambhala (rebautizada como Shangri-La) se convierte en el símbolo de un ideal utópico y de una transformación personal que lleva a la armonía y la paz interior. A través de sus personajes, Hilton subraya cómo la búsqueda de Shambhala también es una metáfora para superar los miedos y debilidades humanas, representando el logro de una sabiduría superior. Su fascinación ha inspirado una multitud de obras literarias y cinematográficas, llevando a la creación de historias que entrelazan mito, espiritualidad y aventura. Shambhala representa no solo un lugar de misterio, sino también un símbolo eterno de la búsqueda humana por lo divino, el equilibrio y el conocimiento.

TEORÍAS SOBRE LA TIERRA HUECA: DESDE LOS ESCRITOS DE EDMUND HALLEY HASTA LAS ESPECULACIONES MODERNAS

Introducción

La teoría de la Tierra Hueca es una de las ideas más intrigantes y controvertidas en la historia del pensamiento científico y especulativo. Esta hipótesis, que sugiere la existencia de vastos espacios vacíos dentro de nuestro planeta, ha fascinado a filósofos, científicos y escritores durante siglos, inspirando narrativas que mezclan ciencia, mitología e imaginación.

Los orígenes: Edmund Halley y las esferas concéntricas

El origen moderno de la teoría de la Tierra Hueca puede rastrearse hasta los escritos de Edmund Halley, el célebre astrónomo británico conocido por haber calculado la órbita del cometa que lleva su nombre. En 1692, Halley propuso que la Tierra estaba compuesta por una serie de esferas concéntricas, separadas por un espacio vacío y capaces de rotar independientemente unas de otras. Esta teoría nació a partir de las observaciones de anomalías en los campos magnéticos terrestres que Halley no podía explicar con los modelos convencionales de la época. Halley hipotetizó que estas esferas, al girar a diferentes velocidades, podrían influir en el comportamiento del campo magnético terrestre, un fenómeno que le fascinaba profundamente. Además, Halley se inspiró en los desarrollos contemporáneos de la astronomía y la física, imaginando que estructuras similares podrían existir también debajo de la superficie terrestre. Halley sugirió incluso que la luz visible en la aurora boreal podría ser atribuida a los reflejos provenientes de estas esferas internas, lo que alimentaba aún más el interés por esta hipótesis.

John Cleves Symmes y las aperturas polares

Durante los siglos XVIII y XIX, otros pensadores retomaron y modificaron la teoría de Halley. El estadounidense John Cleves Symmes Jr., por ejemplo, avanzó la hipótesis de que el planeta estaba vacío por dentro y dotado de grandes aperturas en los polos, a través de las cuales sería posible acceder a mundos ocultos. Symmes no solo difundió activamente sus ideas, sino que también intentó organizar expediciones para explorar estas presuntas aperturas, atrayendo la atención del público y alimentando el debate. Una de sus propuestas más audaces fue enviar una expedición al Polo Norte para verificar la existencia de las aperturas polares que, según él, conducirían a un mundo interior habitado. Symmes buscó el apoyo del Congreso de los Estados Unidos y de otras figuras influyentes, pero, a pesar del entusiasmo inicial, no logró obtener los fondos necesarios para realizar esta empresa. Aunque sus esfuerzos no dieron resultados concretos, Symmes dejó una huella en la cultura popular, inspirando más investigaciones especulativas.

La Tierra Hueca en la literatura

La Tierra Hueca se convirtió también en un tema recurrente en la literatura de la época. Jules Verne, en su célebre novela *Viaje al centro de la Tierra* (1864), imaginó un mundo subterráneo poblado por criaturas prehistóricas y paisajes extraordinarios. Esta obra maestra no solo alimentó la fascinación por los mundos ocultos, sino que influyó profundamente en la imaginación colectiva de la época y más allá. La obra consolidó la idea de la Tierra Hueca como un lugar de aventura y maravilla, inspirando innumerables adaptaciones cinematográficas y literarias. A través de su relato, Verne introdujo al gran público la idea de que la ciencia y la exploración podían ser vehículos para descubrir realidades desconocidas, sentando las bases para un género narrativo que mezcla especulación científica y fantasía.

Declive científico y resurgimiento esotérico

Con la llegada de la ciencia moderna y el desarrollo de la geología, muchas de las hipótesis relacionadas con la Tierra Hueca perdieron credibilidad. Estudios sobre la estructura interna del planeta, basados en el análisis de las ondas sísmicas, demostraron que la Tierra está compuesta por capas sólidas y líquidas, con un núcleo denso y metálico en el centro. Estos datos no solo desmintieron la idea de vastos espacios vacíos, sino que también proporcionaron una comprensión más detallada de las dinámicas internas del planeta. Sin embargo, esto no impidió la proliferación de especulaciones y teorías alternativas, especialmente en ámbitos no científicos.

En el siglo XX, la teoría de la Tierra Hueca sufrió una transformación, pasando del campo de la ciencia al de las pseudociencias y la narrativa fantástica. Uno de los movimientos esotéricos más conocidos que defendió esta idea fue la Teosofía, fundada por Helena Blavatsky, quien describía la Tierra Hueca como la morada de seres iluminados y guardianes de sabiduría antigua. Blavatsky integró esta concepción en sus visiones cosmológicas, conectándola con la mítica ciudad de Shambhala y el reino subterráneo de Agartha, lugares que representaban centros de energía espiritual y conocimiento avanzado.

La teoría en el mundo moderno

La tecnología moderna ha contribuido a mantener viva la fascinación por la Tierra Hueca. Internet y los medios digitales han dado espacio a una variedad de teorías, algunas de las cuales sugieren que gobiernos u organizaciones secretas ocultan pruebas de la existencia de estos mundos subterráneos. Documentales, novelas y videos en línea siguen explorando esta hipótesis, mezclando datos reales con elementos de fantasía. Por ejemplo, el documental *The Hollow Earth Chronicles* presenta una revisión de teorías modernas y conexiones con mitos antiguos, mientras que novelas como *The Subterranean* de James Rollins presentan una versión aventurera y moderna de estas ideas, cautivando la imaginación del público con relatos emocionantes.

Conclusión

A pesar de la falta de pruebas científicas, la teoría de la Tierra Hueca sigue estimulando la imaginación y el deseo humano de explorar lo desconocido. La idea de mundos subterráneos también se utiliza como metáfora en las artes y la filosofía, representando un viaje hacia el subconsciente o una búsqueda de la verdad oculta. En el ámbito literario y cinematográfico, la Tierra Hueca sigue siendo un tema prolífico, con obras que van desde la ciencia ficción hasta el horror, destacando cómo esta hipótesis sigue cautivando la imaginación colectiva.

Ya sea como una curiosidad histórica, un símbolo espiritual

o un recurso narrativo, la teoría de la Tierra Hueca sigue siendo un ejemplo fascinante de cómo el mito y la ciencia pueden entrelazarse, creando historias que trascienden los límites de la realidad. A través de los siglos, esta hipótesis ha evolucionado, adaptándose a los avances tecnológicos y culturales, pero manteniendo intacto su núcleo de misterio y maravilla. Tal vez no sea tan importante establecer si la Tierra Hueca existe realmente, como reconocer su papel en alimentar la infinita curiosidad del ser humano.

LOS HABITANTES DE LA TIERRA INTERNA: LOS ARIOS, LOS "PUEBLOS HORMIGA" HOPI Y LAS CIVILIZACIONES SUBTERRÁNEAS

Las leyendas y teorías sobre la Tierra interna no se limitan a describir un paisaje vacío o inanimado, sino que a menudo incluyen relatos de civilizaciones avanzadas y misteriosas que habitan en ella. Estos habitantes subterráneos son descritos en tradiciones culturales, mitos antiguos e incluso en algunas narraciones modernas, como la novela *The Subterranean* de James Rollins, que explora la idea de civilizaciones avanzadas ocultas bajo la superficie terrestre, combinando aventura y ciencia ficción. Entre los más conocidos se encuentran los arios, los "pueblos hormiga" Hopi y otras civilizaciones subterráneas, a menudo consideradas depositarias de conocimientos extraordinarios. Estos relatos, que atraviesan culturas y continentes, son un fascinante entrelazado de mitología, espiritualidad y especulaciones modernas.

Los arios y los orígenes míticos

Una de las interpretaciones más controvertidas relacionadas con la Tierra interna tiene que ver con los arios. Esta teoría, desarrollada principalmente durante el siglo XX, se basa en la idea de que una civilización antigua y avanzada, identificada como "Ariana", encontró refugio bajo la superficie terrestre después de catástrofes globales. Según algunos escritos esotéricos, como los vinculados a la Teosofía de Helena Blavatsky, estos arios no solo habrían construido un reino subterráneo, sino que también habrían permanecido en contacto con la humanidad en la superficie, influyendo en su desarrollo espiritual y tecnológico. Algunas versiones de esta teoría sugieren que estos seres habrían utilizado tecnologías avanzadas para construir ciudades bajo las montañas o en las profundidades de la Tierra, creando un ambiente protegido y autosuficiente. Un ejemplo emblemático es la descripción de Agartha en las narraciones esotéricas, que imagina estas ciudades como estructuras dotadas de sistemas energéticos basados en cristales, iluminación autónoma y complejos sistemas de transporte subterráneo que conectan las diferentes áreas del reino.

Esta visión se mezcla con elementos pseudohistóricos y mitológicos, a menudo entrelazados con relatos sobre la ciudad de Agartha y el reino de Shambhala. Los arios son representados como seres de gran sabiduría, dotados de tecnologías avanzadas y un conocimiento profundo de las leyes cósmicas. Sin embargo, el uso indebido del concepto de arios por parte de algunas ideologías en el siglo XX ha hecho que esta narración sea especialmente controvertida, alimentando el debate sobre su significado cultural y simbólico. A pesar de ello, la imagen de los arios como guardianes de antiguos secretos sigue inspirando numerosos relatos y especulaciones.

Los "pueblos hormiga" Hopi

En la tradición de los Hopi, una de las tribus indígenas de América del Norte, surgen relatos que parecen hacer eco del concepto de habitantes de la Tierra interna. Según los mitos Hopi, los "pueblos hormiga" (Anu Sinom) habrían salvado a sus antepasados durante periodos de grandes cataclismos, acogiéndolos en el subsuelo. Estos seres son descritos como criaturas pequeñas y laboriosas, con características físicas que recuerdan a las hormigas, como extremidades delgadas y cabezas redondeadas. Según los relatos, los "pueblos hormiga" habrían guiado a los Hopi hacia refugios subterráneos durante un periodo de destrucción en la superficie, enseñándoles cómo sobrevivir y prepararse para un regreso seguro a la superficie.

La narración Hopi está llena de detalles simbólicos. Los "pueblos hormiga" no solo habrían protegido a los seres humanos, sino que también les habrían enseñado lecciones importantes sobre supervivencia, como el almacenamiento de alimentos y el uso de los recursos naturales. Estos relatos están profundamente arraigados en la cultura Hopi y siguen siendo transmitidos como parte integral de su visión del mundo. Las historias de los Hopi también incluyen descripciones de ceremonias y danzas que celebran el vínculo entre el pueblo de la superficie y sus protectores subterráneos, subrayando una profunda conexión espiritual.

Algunos estudiosos de la mitología y la antropología han hipotetizado que los mitos de los "pueblos hormiga" podrían representar un recuerdo de antiguas interacciones con otras culturas o eventos históricos significativos, reinterpretados a través del simbolismo. Por ejemplo, estos relatos podrían estar relacionados con las grandes migraciones de las poblaciones indígenas durante periodos de cambio climático, como la Era Glaciar. Las cavernas naturales y los refugios subterráneos podrían haber proporcionado refugio durante catástrofes ambientales, y sus recuerdos habrían evolucionado en leyendas que celebran el papel protector de los habitantes subterráneos. Sin embargo, para la comunidad Hopi, estos relatos siguen siendo un testimonio de la conexión espiritual con el mundo subterráneo y del papel protector de los "pueblos hormiga" en momentos de crisis.

Las civilizaciones subterráneas: Agartha y otros mitos globales

Además de los arios y los "pueblos hormiga", muchas otras tradiciones culturales y espirituales describen civilizaciones subterráneas. Entre ellas, la leyenda de Agartha es una de las más conocidas. Se dice que Agartha es una vasta red de ciudades subterráneas interconectadas, habitadas por seres avanzados. Según los relatos teosóficos y otras narraciones esotéricas, estas ciudades estarían protegidas por barreras invisibles y solo serían accesibles para aquellos que hayan alcanzado un cierto grado de iluminación espiritual. Los habitantes de Agartha, a menudo descritos como seres luminosos o portadores de conocimientos universales, tendrían la tarea de preservar el equilibrio entre el mundo subterráneo y el de la superficie.

Muchos mitos en todo el mundo contienen elementos similares. Por ejemplo, en la mitología nórdica, se cuenta de Svartálfaheimr, el reino subterráneo habitado por los enanos, seres asociados con la forja de armas mágicas y con la posesión de tesoros escondidos. Estos mitos comparten similitudes con las leyendas tibetanas de Shambhala y con los relatos Hopi, sugiriendo una conexión universal entre culturas diferentes al concebir mundos subterráneos como lugares de gran poder y misterio. En la tradición tibetana, Shambhala se describe como un reino oculto en las montañas, que podría estar conectado al subsuelo a través de pasajes secretos. También en las culturas de América Latina, como las de los mayas e incas, existen relatos de túneles y ciudades subterráneas donde se creía que residían seres divinos o ancestrales. Por ejemplo, algunas leyendas incas describen largos túneles que se extienden bajo los montes andinos, conectando antiguas ciudades sagradas con reinos subterráneos llenos de riquezas y misterios.

Estos mitos no están limitados a una sola región geográfica, lo que sugiere que la idea de un mundo subterráneo podría reflejar un arquetipo universal o una memoria colectiva de eventos históricos. Algunos investigadores han sugerido que estas narraciones pueden representar rastros de antiguas migraciones humanas a través de cavernas o sistemas de galerías naturales, reinterpretadas con el tiempo como leyendas de reinos ocultos.

La narrativa moderna y las especulaciones

En los siglos XX y XXI, estas antiguas historias han sido reinterpretadas a través de una lente moderna. La narrativa contemporánea ha relacionado a menudo las civilizaciones subterráneas con teorías sobre los OVNIs, hipotetizando que estas entidades avanzadas podrían estar conectadas a visitantes extraterrestres. Documentales, libros y artículos en línea siguen explorando la idea de que el subsuelo de nuestro planeta podría albergar secretos aún no descubiertos. Por ejemplo, el documental *The Unexplained: Underground Worlds* explora varias teorías y leyendas relacionadas con civilizaciones subterráneas, combinando narraciones históricas con descubrimientos arqueológicos recientes. Algunos teóricos sugieren que los signos de tecnologías avanzadas encontrados en antiguas cavernas podrían indicar la presencia de civilizaciones subterráneas.

Aunque muchas de estas teorías no tienen bases científicas, siguen siendo un elemento fascinante de la cultura popular. La idea de civilizaciones subterráneas no solo estimula la imaginación, sino que también invita a reflexionar sobre las conexiones entre mito, historia y la profunda curiosidad del ser humano por lo desconocido. La narrativa moderna también ha producido películas y novelas que exploran la idea de reinos subterráneos, como *Journey to the Center of the Earth*, que han ayudado a mantener vivo el interés por estas historias.

Conclusión

Las historias sobre los habitantes de la Tierra interna ofrecen una perspectiva única sobre nuestras tradiciones culturales y espirituales. Ya sea de los arios, de los "pueblos hormiga" Hopi o de otras civilizaciones subterráneas, estos relatos representan mucho más que simples mitos. Encarnan el deseo humano de comprender nuestro lugar en el universo y de explorar los misterios que se ocultan bajo la superficie de nuestro mundo. Independientemente de su origen, estas narraciones continúan inspirando generaciones de soñadores, investigadores y narradores. Su persistencia en el tiempo y el espacio sugiere que la idea de una Tierra interna habitada es, ante todo, un testimonio de nuestra innata sed de conocimiento y maravilla.

CAPÍTULO 6: OPERACIÓN HIGH JUMP - LA EXPEDICIÓN DE BYRD

EL DIARIO SECRETO DE RICHARD BYRD: HECHOS, MITOS Y ESPECULACIONES

La Operación High Jump, oficialmente conocida como el Programa de Desarrollo Antártico de la Armada de los Estados Unidos de 1946-1947, es una de las expediciones más enigmáticas en la historia contemporánea. Dirigida por el almirante Richard Evelyn Byrd, esta misión tenía el objetivo declarado de consolidar la presencia estadounidense en la Antártida, explorar y documentar el territorio, y probar equipos militares en condiciones extremas. Sin embargo, alrededor de esta operación se han desarrollado numerosos mitos y teorías conspirativas que han capturado la imaginación popular durante décadas, convirtiéndola en una leyenda moderna.

Hechos históricos

La Operación High Jump involucró a más de 4.000 hombres, 13 barcos y decenas de aeronaves, lo que la convirtió en una de las expediciones antárticas más grandes jamás organizadas. La misión oficial se centraba en tres objetivos principales: entrenar a las tropas para operaciones en climas fríos, expandir el conocimiento geográfico y promover la soberanía estadounidense en la zona. Estados Unidos deseaba asegurarse una ventaja estratégica en la era de posguerra, considerando la Antártida como un territorio de potencial interés militar y económico.

El despliegue de las fuerzas fue extraordinario para una

operación en tiempos de paz, incluyendo un portaaviones ligero, el soporte de cazas F4U Corsair y bombarderos PBM Mariner, además de equipo especializado para exploraciones árticas. Las unidades se dividieron en grupos operativos que cubrieron vastas áreas de la Antártida, cartografiando la costa y realizando estudios científicos. La expedición utilizó avanzadas técnicas de reconocimiento aéreo para fotografiar amplias porciones del territorio, contribuyendo significativamente al conocimiento de la geografía antártica.

A pesar del carácter aparentemente pragmático de la expedición, la Operación High Jump fue concluida prematuramente después de solo ocho meses, en lugar de los 12 previstos. Las condiciones climáticas extremas, con vientos incessantes y temperaturas que descendían por debajo de los -40 grados Celsius, hicieron imposibles muchas de las operaciones planeadas. Además, las dificultades logísticas, como la falla de algunos equipos clave y la dificultad de coordinar un contingente tan grande en un ambiente hostil y aislado, contribuyeron a que la permanencia prolongada fuera insostenible. Estos factores, junto a los límites tecnológicos de la época, llevaron al retiro anticipado de la misión. Oficialmente, el retiro se atribuyó a las condiciones climáticas extremas y los problemas logísticos. Sin embargo, esto alimentó sospechas y teorías sobre las verdaderas motivaciones de la misión, con algunos que sugieren que hubo eventos extraordinarios no reportados en los documentos oficiales.

El diario secreto de Byrd

Uno de los elementos más fascinantes y controvertidos relacionados con la Operación High Jump es el supuesto diario secreto del almirante Byrd. Según algunas fuentes no oficiales, Byrd habría documentado encuentros extraordinarios durante la misión, incluyendo avistamientos de objetos voladores no identificados (OVNIS) y la existencia de una civilización avanzada oculta bajo el hielo antártico. Aunque la autenticidad de este diario ha sido ampliamente cuestionada, su contenido se ha convertido en el centro de numerosas teorías conspirativas y narrativas especulativas.

Las páginas del supuesto diario describirían un encuentro con entidades no terrenales o una sociedad subterránea tecnológicamente avanzada. En particular, Byrd habría narrado un área iluminada por una extraña luz verdosa, donde gigantescas estructuras similares a torres se erguían del hielo. Además, habría descrito objetos voladores en forma de disco que se movían con una velocidad extraordinaria y que parecían emitir un sonido pulsante, creando una atmósfera casi surrealista. Según las narraciones más difundidas, Byrd habría escrito sobre máquinas voladoras increíblemente rápidas, estructuras imponentes ocultas en el corazón de la Antártida y seres que se comunicaban telepáticamente con él, advirtiéndole sobre los peligros que la humanidad estaba enfrentando. Aunque no existen pruebas concretas para respaldar estas afirmaciones, la sugerencia de un encuentro semejante ha alimentado el interés por la figura de Byrd y por su expedición.

Algunos teóricos sugieren que el diario de Byrd, auténtico o no, refleja el deseo colectivo de descubrir mundos ocultos y contactar con inteligencias superiores. Esta narrativa ha encontrado terreno fértil en la cultura popular, alimentando libros, documentales y discusiones en línea.

Teorías y especulaciones

Las teorías relacionadas con la Operación High Jump van desde la existencia de bases nazis en la Antártida hasta la presencia de OVNIS y civilizaciones antiguas. Durante la Segunda Guerra Mundial, se dice que los nazis desarrollaron un gran interés por la Antártida, explorándola y estableciendo supuestas bases secretas. Fuentes históricas como los informes de la Kriegsmarine y escritos postbélicos de científicos como Ernst Zündel, aunque controvertidos, han alimentado estas narrativas. Textos pseudocientíficos como *The Hollow Earth* han amplificado aún más la idea de que la Antártida fue utilizada para experimentos y refugios secretos. Una de estas bases, llamada Base 211, se habría ubicado en una región remota conocida como Neuschwabenland. Se hipotetiza que estas instalaciones fueron utilizadas para experimentos científicos avanzados y para el desarrollo de aeronaves innovadoras, incluidos los legendarios discos voladores nazis.

Después del fin de la guerra, algunas teorías sostienen que la Operación High Jump no solo fue concebida para explorar la Antártida, sino también para investigar y neutralizar posibles puestos avanzados nazis que permanecieran operativos. Algunos relatos indican que hubo enfrentamientos entre las fuerzas estadounidenses y unas "entidades" no especificadas, sugiriendo una componente conflictiva nunca reportada oficialmente.

Otra línea de especulación vincula la expedición de Byrd a supuestos descubrimientos extraordinarios. Estos incluyen la existencia de portales dimensionales o civilizaciones perdidas, como Agartha, una mítica red de ciudades subterráneas. Según estas teorías, la Antártida podría custodiar accesos a mundos paralelos o a conocimientos avanzados que superan la comprensión humana. Por ejemplo, escritores como Brad Steiger han avanzado la hipótesis de que el continente oculta portales interdimensionales, un tema explorado en obras como *Worlds Before Our Own*, que entrelaza leyendas antiguas con descubrimientos modernos. Estas ideas, aunque carecen de pruebas científicas, se combinan con mitos antiguos y con una creciente fascinación por los misterios del continente helado.

A lo largo de los años, documentales y libros han amplificado estas especulaciones. Títulos como *Antarctica: A Frozen History of Secrets* y *The High Jump Mysteries* han contribuido a mantener vivo el interés público, mezclando elementos históricos con narrativas especulativas. La idea de que la Antártida es un punto de contacto entre nuestro mundo y realidades ocultas sigue inspirando a escritores, investigadores independientes y aficionados a los misterios.

Conclusión

La Operación High Jump sigue siendo una de las expediciones más enigmáticas y discutidas de la historia moderna. Mientras que los documentos oficiales delinean un cuadro claro de los objetivos declarados, las múltiples teorías y especulaciones han transformado esta misión en un capítulo fascinante de misterio e intriga. Ya sea por simples exageraciones, fantasías colectivas o verdades ocultas, la expedición de Byrd sigue estimulando la imaginación y planteando preguntas sobre nuestro pasado y nuestro mundo aún en gran parte inexplorado.

La Antártida, con su vastedad e inaccesibilidad, sigue siendo un territorio fértil para los misterios. Recientemente, misiones como la del *IceCube Neutrino Observatory*, que utiliza el hielo antártico para detectar partículas subatómicas provenientes del cosmos, han demostrado cómo el continente es un laboratorio natural para descubrimientos científicos extraordinarios. Al mismo tiempo, las especulaciones populares siguen cuestionando la posibilidad de estructuras ocultas bajo el hielo, manteniendo vivo el interés colectivo por el misterio que envuelve esta región. Tal vez la atracción que sentimos por sus historias no resida solo en su contenido, sino en la promesa de descubrir lo que está oculto, más allá del hielo y las sombras del tiempo.

LA PRESUNTA DESCUBRIMIENTO DE UNA CIVILIZACIÓN SUBTERRÁNEA AVANZADA

Las teorías sobre la presencia de una civilización subterránea avanzada han cautivado la imaginación de científicos, exploradores y entusiastas de los misterios durante generaciones. Esta idea, que tiene sus raíces en mitos antiguos y relatos esotéricos, sigue estimulando debates, inspirando especulaciones y generando historias fascinantes. El concepto de que el subsuelo de nuestro planeta pueda albergar una sociedad altamente desarrollada está alimentado por una mezcla de tradiciones culturales antiguas, como los mitos indios de Patala y los relatos tibetanos de Shambhala, descubrimientos geológicos como la gigantesca cueva Son Doong en Vietnam, y presuntos avistamientos documentados por exploradores y militares. Este tema también ha sido amplificado por teorías modernas que entrelazan pseudociencia, narraciones conspirativas y leyendas místicas, creando un intrincado tejido de fascinación y misterio.

Los orígenes de la teoría

La idea de una civilización subterránea no es nueva y se puede rastrear en diversas tradiciones mitológicas y religiosas. En la antigua Grecia, se hablaba de los reinos subterráneos como el Hades, donde moraban los espíritus de los muertos. En la mitología india, la leyenda de Patala describe un mundo subterráneo habitado por seres divinos y dotado de extraordinarias tecnologías y recursos. De manera similar, el budismo tibetano narra acerca de Shambhala, un reino oculto considerado una fuente de sabiduría y poder espiritual. Estos relatos parecen sugerir que los mundos subterráneos no son solo lugares físicos, sino dimensiones llenas de significado simbólico y espiritual.

En el siglo XIX, la idea de la Tierra hueca se hizo popular gracias a los escritos de John Cleves Symmes y otros pensadores, quienes hipotetizaron la existencia de enormes espacios vacíos dentro del planeta. Estos teóricos imaginaban entradas polares que conducían a vastos mundos habitados por civilizaciones desconocidas. Aunque la ciencia moderna ha refutado estas hipótesis, la atracción hacia la idea de mundos subterráneos se ha mantenido viva, encontrando un nuevo vigor en relatos fantásticos y teorías conspirativas. La fascinación por estas narrativas también se ha consolidado con el crecimiento de movimientos esotéricos que ven la Tierra hueca como un símbolo de misterios aún inexplorados.

Testimonios y relatos modernos

Uno de los episodios más discutidos relacionados con una civilización subterránea está vinculado al presunto descubrimiento de Agartha, una red de ciudades subterráneas interconectadas. Según algunos relatos, exploradores y militares habrían documentado estructuras gigantescas, tecnologías avanzadas e incluso encuentros con seres que habitan estos lugares ocultos. Entre los testimonios más famosos se encuentra el atribuido al almirante Richard Byrd, quien durante la Operación High Jump habría reportado un encuentro con una sociedad avanzada situada bajo los hielos antárticos. Según el presunto diario secreto, Byrd describió un ambiente vasto e iluminado por una luz difusa e indeterminada, aparentemente proveniente de las mismas paredes. Sus notas también mencionan encuentros con seres de aspecto humanoide, dotados de una tecnología mucho más avanzada que la terrestre, incluidas máquinas voladoras que se movían con absoluta silenciosidad y velocidad increíble. Este relato, aunque carece de confirmaciones oficiales, ha alimentado una multitud de especulaciones sobre el verdadero propósito de la expedición y sobre los descubrimientos realizados más allá de lo que se informó en los documentos públicos.

El presunto diario secreto de Byrd describía un ambiente subterráneo iluminado por una luz natural no identificada, donde las máquinas voladoras se movían con increíble agilidad. Algunos creen que estos relatos fueron deliberadamente ocultados para evitar el pánico y proteger información sensible. Sin embargo, no existen pruebas concretas que respalden estas afirmaciones, y el diario mismo está sujeto a dudas sobre su autenticidad. No obstante, estas narrativas siguen cautivando la imaginación de aquellos que buscan rastros de verdad en los mitos modernos.

Otros testimonios provienen de presuntos informantes internos de proyectos gubernamentales secretos. Estos individuos afirman que existen bases militares subterráneas donde se estudian tecnologías avanzadas recuperadas de civilizaciones desaparecidas o de presuntos encuentros extraterrestres. Tales afirmaciones, a menudo sin comprobaciones verificables, contribuyen a mantener vivo el interés por estas teorías. Además, algunas declaraciones han vinculado estas bases con presuntos experimentos de conexión interdimensional, aumentando el atractivo por estas especulaciones.

Descubrimientos geológicos y anomalías

Algunos descubrimientos geológicos han alimentado las especulaciones sobre la existencia de mundos subterráneos. Enormes cavernas como la Son Doong en Vietnam, la cueva más grande conocida del mundo, han demostrado que el subsuelo puede albergar ambientes vastos y complejos. Estos lugares, a menudo inexplorados, se han convertido en terreno fértil para hipótesis fantásticas. El descubrimiento de ecosistemas únicos y de formas de vida desconocidas en estas cavernas ha llevado a algunos a suponer que otras estructuras similares puedan esconder secretos aún más extraordinarios. Por ejemplo, en la cueva Son Doong se han encontrado ecosistemas autosuficientes, con plantas y animales que viven en completa independencia de la superficie. Estos descubrimientos han demostrado cómo los ambientes aislados pueden sustentar formas de vida inesperadas, alimentando la curiosidad sobre otras cavernas aún inexploradas.

Otra área de interés está representada por las anomalías gravitacionales detectadas en algunas regiones polares. Según algunos investigadores, estas anomalías podrían indicar la presencia de estructuras artificiales o vacíos enormes bajo el hielo. Aunque los científicos atribuyen estos fenómenos a causas naturales, como variaciones en la densidad de la corteza terrestre, las teorías conspirativas siguen sugiriendo explicaciones más extraordinarias. Algunos teóricos han incluso hipotetizado que estas anomalías podrían estar conectadas a redes subterráneas globales de túneles construidos por civilizaciones antiguas.

Influencia cultural y narrativa moderna

La posibilidad de una civilización subterránea ha inspirado

innumerables obras de narrativa. Desde *Viaje al centro de la Tierra* de Jules Verne hasta *The Subterranean* de James Rollins, la literatura ha explorado la idea de mundos ocultos e interacciones con sociedades desconocidas. También el cine y los documentales modernos han contribuido a mantener viva esta fascinación. Películas como *The Core* o *Prometheus* explotan la idea de misterios ocultos en el subsuelo para crear tramas fascinantes. Por ejemplo, *The Core* narra la historia de un grupo de científicos que emprenden un viaje hacia el centro de la Tierra para reiniciar el núcleo terrestre tras una interrupción catastrófica de su movimiento, mezclando tensión, ciencia y fantasía en un contexto subterráneo lleno de sorpresas y peligros. La popularidad de estas historias demuestra que el tema de los mundos subterráneos no solo intriga, sino que también responde a un deseo humano profundo de explorar lo desconocido.

Paralelamente, los medios digitales han amplificado el interés por estas teorías. Canales de YouTube, pódcast y foros en línea discuten regularmente sobre posibles descubrimientos subterráneos, mezclando a menudo información científica con narrativas especulativas. Esta combinación de entretenimiento y pseudociencia contribuye a reforzar la atracción de estas teorías. Algunos influencers incluso han lanzado expediciones documentadas en busca de pruebas de civilizaciones subterráneas, captando la atención de millones de espectadores.

La ciencia y los límites de las especulaciones

A pesar del atractivo que ejercen estas ideas, la ciencia moderna ha establecido límites claros a las especulaciones. Estudio detallados sobre la estructura interna de la Tierra han demostrado que las condiciones extremas de presión y temperatura hacen imposible la presencia de vacíos significativos a grandes profundidades. Además, las pruebas que respaldan la existencia de civilizaciones subterráneas avanzadas siguen siendo inexistentes, relegando estas ideas al ámbito de la fantasía.

No obstante, la exploración del subsuelo sigue revelando ambientes extraordinarios y nuevas formas de vida. Microbios extremófilos encontrados a kilómetros de profundidad demuestran que la vida puede prosperar en condiciones extremas, sugiriendo que el subsuelo de nuestro planeta aún podría esconder sorpresas, aunque menos grandiosas de lo que suponen las teorías más audaces. Por ejemplo, una reciente investigación realizada en la mina Kidd Creek en Canadá ha revelado la existencia de microbios que viven en agua atrapada en las rocas desde hace miles de millones de años, demostrando que la vida puede adaptarse a condiciones increíblemente aisladas y duras. Estos avances científicos abren nuevas posibilidades de estudio, manteniendo viva la curiosidad por las profundidades de la Tierra.

Conclusión

El presunto descubrimiento de una civilización subterránea avanzada representa una fascinante amalgama de mitos, ciencia e imaginación. Aunque faltan pruebas concretas, la idea sigue estimulando la curiosidad y la creatividad, alimentando narrativas que van desde la especulación pseudocientífica hasta la literatura y el cine. Tal vez el verdadero valor de estas historias radique en su capacidad para inspirar a la humanidad a mirar más allá de los límites conocidos y explorar lo que aún permanece oculto, tanto en las profundidades del planeta como en los rincones más inexplorados de la mente y la creatividad humanas. Estos relatos, que mezclan fantasía y ciencia, invitan a reflexionar sobre los límites de nuestro conocimiento y el potencial aún inexplorado que el mundo, y nosotros mismos, podemos ocultar.

LOS EVENTOS MISTERIOSOS Y LAS DECLARACIONES CRÍPTICAS DE BYRD

El almirante Richard E. Byrd, una figura destacada en la exploración polar del siglo XX, es recordado por sus hazañas extraordinarias y los numerosos misterios que rodean su carrera. Sus misiones, llevadas a cabo en algunas de las regiones más inaccesibles del planeta, no solo marcaron hitos importantes en la ciencia, sino que también generaron especulaciones sobre eventos enigmáticos y declaraciones crípticas que alimentaron teorías y leyendas. La combinación de hechos históricos, declaraciones enigmáticas y relatos no verificados convirtió a Byrd en una figura central en la cultura del misterio y la exploración. Su trabajo, de hecho, ha sido objeto de interpretaciones que van desde el análisis científico puro hasta elaboradas narrativas esotéricas.

La Operación High Jump y los enigmas polares

Uno de los episodios más discutidos de la carrera de Byrd está relacionado con la Operación High Jump, una vasta expedición militar organizada por los Estados Unidos en 1946-1947, oficialmente destinada a la investigación científica y el entrenamiento en condiciones polares. Sin embargo, las dimensiones de la misión, que involucró a miles de hombres, decenas de barcos y aviones, y su prematuro retiro, han suscitado interrogantes. Byrd hizo declaraciones que parecían aludir a fenómenos que no se podían explicar con los conocimientos de la época.

Según algunas narraciones, Byrd habría informado haber visto objetos voladores no identificados moviéndose a velocidades increíbles sobre los hielos antárticos. Estos relatos, nunca confirmados oficialmente, se basan en fragmentos de entrevistas y documentos no verificados. En una entrevista, Byrd habría hablado de la necesidad de prepararse para conflictos que podrían involucrar enemigos provenientes de "ambos extremos del planeta". Aunque esta afirmación puede interpretarse de diferentes maneras, ha generado hipótesis sobre amenazas potenciales relacionadas con tecnologías desconocidas o fuerzas no terrestres.

Algunos teóricos sugieren que toda la operación podría haber sido un intento de investigar fenómenos anómalos y que el retiro anticipado de la expedición se debió a eventos inexplicables, como encuentros con vehículos no identificados. Además, los numerosos informes posteriores a la operación que permanecieron clasificados durante décadas contribuyeron a alimentar el misterio. Estas narraciones han llevado a algunos a especular que la Antártida podría haber sido el escenario de actividades no terrestres o el escondite de civilizaciones avanzadas antiguas.

El presunto diario secreto

Uno de los elementos más controvertidos relacionados con Byrd es el denominado "diario secreto", que supuestamente emergió años después de su muerte. Este documento, cuya autenticidad es ampliamente cuestionada, describe un encuentro ocurrido durante un vuelo exploratorio en el Ártico. Según el diario, Byrd habría llegado a una región desconocida donde el clima era sorprendentemente templado y habría encontrado seres de aspecto humanoide que le habrían transmitido mensajes de paz y advertencias para la humanidad. El diario también contiene referencias a una "tierra interna" y a tecnologías avanzadas, pero no existen pruebas concretas que respalden la existencia de dicho documento o los eventos descritos.

Las descripciones contenidas en el presunto diario son particularmente fascinantes: hablan de un ambiente iluminado por una luz difusa, no atribuible al sol, y de máquinas voladoras que se movían sin ruido. Los seres encontrados por Byrd habrían expresado su preocupación por el uso de armas nucleares por parte de la humanidad, advirtiendo de las consecuencias desastrosas para el planeta. Según algunas versiones, estos seres habrían invitado a Byrd a transmitir sus advertencias a los líderes mundiales, pero su misión se habría visto bloqueada por un encubrimiento por parte de las autoridades.

A pesar de las críticas y la falta de reconocimiento oficial de este documento, el diario sigue siendo un pilar de las teorías de la Tierra hueca y otras narrativas esotéricas. Algunos creen que el diario representa un testimonio directo de la existencia de civilizaciones subterráneas avanzadas, mientras que otros lo consideran una creación apócrifa destinada a perpetuar mitos modernos.

Las declaraciones públicas enigmáticas

Además del diario, Byrd es conocido por algunas declaraciones públicas enigmáticas que parecen dejar espacio para interpretaciones especulativas. En una entrevista durante el periodo de sus expediciones, Byrd habló sobre la vastedad inexplorada de la Antártida, describiéndola como un territorio rico en recursos y "grandes misterios". Frases como estas, aunque probablemente se referían a elementos científicos o geográficos, han sido extraídas para apoyar ideas más fantasiosas.

En particular, su afirmación de que la Antártida contenía "grandes reservas de energía y recursos naturales inexplorados" ha sido interpretada por algunos como una referencia a tecnologías desconocidas o descubrimientos que no podían ser divulgados. Además, Byrd habría subrayado la importancia estratégica de la Antártida, un detalle que ha llevado a especulaciones sobre bases militares secretas y colaboraciones internacionales para ocultar información sobre el continente.

Algunos teóricos sostienen que Byrd estaba vinculado al secreto militar y que no podía divulgar abiertamente sus descubrimientos más extraordinarios. Sus observaciones, por lo tanto, podrían haber sido intencionadamente crípticas, sugiriendo verdades más complejas. Sin embargo, también es posible que tales interpretaciones sean el resultado de una sobreinterpretación de sus palabras. Byrd mismo, en algunas ocasiones, habría sugerido que gran parte de la Antártida seguía siendo un misterio, tanto desde el punto de vista geográfico como científico.

Las implicaciones para las teorías modernas

Las afirmaciones atribuidas a Byrd y los eventos misteriosos relacionados con sus misiones han tenido un impacto duradero en la cultura popular y en las teorías de la conspiración. Desde documentales hasta discusiones en línea, la figura de Byrd sigue estando asociada a temas como los OVNIs, la Tierra hueca y las civilizaciones perdidas. Algunos creen que sus expediciones pudieron haber llevado al descubrimiento de tecnologías avanzadas o fenómenos inexplicables, mientras que otros ven en los relatos vinculados a Byrd un símbolo de la eterna búsqueda de lo desconocido.

Un ejemplo emblemático de cómo las historias vinculadas a Byrd han influido en la cultura moderna es la gran cantidad de libros y películas que se inspiran en los temas de la Tierra hueca y la exploración antártica. La figura de Byrd se menciona con frecuencia en conferencias y ensayos pseudocientíficos, consolidando su reputación como un explorador enigmático. Incluso los documentales contemporáneos siguen cuestionando los secretos de la Antártida, a veces mezclando hechos y especulaciones. Algunos de estos programas sugieren que la Antártida podría esconder bases subterráneas secretas o rastros de civilizaciones antiguas extintas.

A pesar de la falta de pruebas concretas, las historias vinculadas a Byrd nos recuerdan que nuestro planeta aún guarda muchos secretos y que la exploración, ya sea científica o especulativa, sigue estimulando nuestra imaginación. La combinación de misterio, aventura y posibilidades desconocidas hace que los relatos de Byrd sigan siendo un referente para quienes se sienten atraídos por lo desconocido. Sus encuentros enigmáticos, sus descripciones crípticas y los misterios no resueltos relacionados con sus expediciones evocan una curiosidad atemporal. Sus experiencias ofrecen una mirada a un mundo en el límite entre la ciencia y la especulación, que sigue inspirando preguntas y estimulando la imaginación colectiva. Sus historias nos invitan a reflexionar sobre lo que aún queda por descubrir, tanto en el mundo físico como en los rincones de nuestra imaginación.

CAPÍTULO 7: OVNIS Y PRESENCIAS ALIENÍGENAS

AVISTAMIENTOS DE OVNIS EN LA ANTÁRTIDA: DESDE LEYENDAS HASTA IMÁGENES DE GOOGLE EARTH

La Antártida, uno de los lugares más remotos y desolados de la Tierra, ha sido desde hace tiempo el centro de narraciones intrigantes. Durante una expedición de 1965, un grupo de exploradores militares informó haber observado luces misteriosas que se desplazaban a velocidades increíbles sobre el hielo. A pesar de los intentos por explicar estos fenómenos como auroras australes o reflejos, tales eventos continuaron generando interrogantes. Este continente enigmático no solo es un punto de interés para científicos y aventureros, sino también un foco de especulaciones que involucran OVNIs y presencias alienígenas. El continente, cubierto por una capa de hielo perpetuo, ha inspirado innumerables leyendas que van desde relatos de civilizaciones perdidas hasta avistamientos presuntos de objetos voladores no identificados. Las historias, a menudo alimentadas por la falta de una presencia humana significativa y por la naturaleza inexplorada del territorio, se han ido desarrollando hasta involucrar tecnologías modernas como las imágenes satelitales de Google Earth. La vastedad y el misterio del continente blanco, combinados con su difícil acceso, han convertido a la Antártida en una fuente fértil para la imaginación y teorías extraordinarias.

Los orígenes de las leyendas

Las primeras narraciones que vinculan la Antártida con fenómenos inexplicables se remontan a los informes de expediciones históricas. Marineros y exploradores informaron episodios de luces misteriosas en el cielo nocturno o de objetos que se movían en contra del viento a velocidades extraordinarias. Aunque muchas de estas descripciones pueden atribuirse a fenómenos naturales como auroras australes o reflejos del sol sobre el hielo, algunas permanecieron sin explicación, alimentando la idea de que la Antártida podría ser escenario de eventos paranormales. Estos relatos, transmitidos de generación en generación, añadieron un halo mítico a las expediciones hacia los confines del mundo conocido.

Con la llegada de la tecnología radar durante la Segunda Guerra Mundial, se reportaron casos de anomalías que sugerían la presencia de objetos no identificados en los cielos antárticos. Por ejemplo, un informe de 1943 describía objetos que volaban a velocidades supersónicas, desafiando las leyes de la física conocidas, y desaparecían repentinamente de los radares sin dejar rastro. Estos episodios llevaron a intensificar las observaciones en el continente, con algunos testigos también reportando fallos en los equipos junto con luces brillantes y movimientos irregulares en el cielo. Las bases militares y científicas, construidas posteriormente en el continente, registraron ocasionalmente detecciones inexplicables, lo que contribuyó a reforzar el misterio. Algunos informes hablaban de objetos que se desplazaban a altísimas velocidades, ignorando las leyes conocidas de la física. Otros episodios describían maquinaria aparentemente defectuosa en presencia de extraños fenómenos atmosféricos. Estos elementos no solo alimentaron el misterio sobre lo desconocido, sino también la idea de que podrían existir tecnologías o presencias más allá de nuestra comprensión.

La contribución de Google Earth

En las últimas décadas, las imágenes satelitales proporcionadas por Google Earth han abierto una nueva frontera para los investigadores independientes y los aficionados a las teorías de conspiración. Algunos usuarios han identificado anomalías visibles en la topografía de la Antártida que, según ellos, podrían representar entradas a bases subterráneas o rastros de actividad alienígena. Entre las imágenes más discutidas se encuentran estructuras circulares similares a cráteres, como la encontrada en 2015, que aparece perfectamente simétrica y con bordes regulares, lo que ha generado hipótesis sobre un posible origen artificial. Líneas perfectamente rectas, que parecen atravesar kilómetros de hielo como si fueran trazadas por una tecnología avanzada, han llevado a algunos a suponer la existencia de antiguos túneles o pistas de aterrizaje. Además, objetos aparentemente metálicos que sobresalen de la nieve, como el avistado en una imagen satelital de 2018, siguen dividiendo a los expertos entre los que los consideran restos de meteoritos y los que sospechan que tienen un origen no terrestre. Algunos de estos descubrimientos han generado debates intensos, con expertos y aficionados enfrentándose sobre las posibles explicaciones.

Por ejemplo, una de las imágenes más célebres muestra lo que parece ser una abertura perfectamente simétrica en el costado de una montaña congelada. Esta imagen desató un debate global, con algunos defendiendo que se trata de una entrada artificial a una base secreta, mientras que los escépticos atribuyen la forma a fenómenos naturales como colapsos glaciares o erosión del viento. Otro caso famoso involucra un objeto discoidal parcialmente visible bajo una capa de nieve, que muchos han interpretado como una nave alienígena. Estos detalles visuales, aunque intrigantes, han llevado a los investigadores a plantearse más interrogantes sobre la naturaleza inexplorada del continente. Además de las presuntas bases y vehículos, algunas imágenes muestran líneas y formas geométricas que parecen violar la irregularidad natural del paisaje glaciar. Estas marcas, visibles solo desde el aire, han llevado a muchos a suponer la existencia de antiguas estructuras enterradas bajo kilómetros de hielo, tal vez pertenecientes a civilizaciones avanzadas o incluso a colonias extraterrestres.

Informes oficiales y testimonios

Además de las imágenes, existen testimonios de personal militar y científico que habrían observado fenómenos inexplicables durante sus misiones en la Antártida. Algunos investigadores han informado sobre luces que se movían de manera irregular o de objetos que desaparecían repentinamente de los radares. Un testimonio particularmente intrigante es el de un piloto militar que habría visto un objeto metálico suspendido sobre una cresta montañosa, descrito como extremadamente silencioso y capaz de realizar movimientos no naturales. No faltan tampoco las teorías que vinculan estos avistamientos a misiones secretas llevadas a cabo durante la Guerra Fría. Una de las más famosas es la Operación Highjump, oficialmente una iniciativa científica y de entrenamiento militar, pero que algunos creen que tuvo como objetivo investigar presuntas tecnologías extraterrestres escondidas en la Antártida. Según algunas fuentes, los informes clasificados de la época habrían mencionado avistamientos de objetos voladores no identificados que parecían observar las actividades de la misión. Algunos sostienen que las superpotencias exploraron la Antártida no solo por motivos científicos, sino también para investigar la posibilidad de presencias alienígenas o para explotar eventuales tecnologías extraterrestres. Se dice, por ejemplo, que se realizaron operaciones destinadas a recuperar materiales no terrestres, pero la falta de documentos verificables hace difícil discernir entre realidad y fantasía.

Testimonios más recientes incluyen informes de sonidos metálicos provenientes de debajo del hielo y de apagones repentinos de comunicación cerca de algunas anomalías geográficas. Estos fenómenos, aunque a menudo atribuidos a causas naturales, no han dejado de generar conjeturas sobre actividades secretas o presencias no humanas.

Interpretaciones científicas y críticas

Los escépticos subrayan que muchas de las presuntas pruebas de actividad OVNI en la Antártida pueden explicarse mediante causas naturales. Por ejemplo, las formaciones aparentemente artificiales vistas en las imágenes satelitales podrían derivar de fenómenos glaciales, como grietas, morrenas o seracs. De manera similar, las luces misteriosas observadas en los cielos podrían atribuirse a meteoritos, reflejos del sol o auroras australes. Los expertos en geología glacial destacan cómo el hielo, bajo ciertas condiciones, puede adoptar formas altamente regulares que pueden engañar al observador.

Otro punto de vista crítico sobre el uso de tecnologías modernas como Google Earth es que, aunque estas plataformas ofrecen una visión sin precedentes de regiones remotas, también pueden inducir a interpretaciones erróneas debido a la baja resolución o las distorsiones ópticas. Algunos expertos han señalado cómo muchas de las anomalías identificadas en línea son simplemente ilusiones ópticas o artefactos digitales.

El fascino duradero del misterio

A pesar de las explicaciones racionales, la idea de que la Antártida pueda albergar secretos extraordinarios sigue cautivando la imaginación colectiva. La combinación de un ambiente hostil, difícilmente accesible, y de avistamientos inexplicables ofrece terreno fértil para especulaciones. Los medios de comunicación, los documentales y hasta las películas de ciencia ficción han contribuido a reforzar el vínculo entre la Antártida y el misterio de los OVNIs. Entre los ejemplos culturales más célebres se encuentran obras como "La Cosa de Otro Mundo", que imagina el hallazgo de una nave alienígena bajo el hielo y el desentierro de una criatura extraterrestre capaz de cambiar de forma, creando una creciente tensión entre los protagonistas, y "X-Files", que dedica episodios al tema de las bases secretas en la Antártida, describiendo complots gubernamentales para ocultar la presencia de tecnologías alienígenas en el continente helado. Estas narrativas, entrelazando fantasía y realidad, mantienen vivo el interés por un lugar que, a pesar de los avances científicos, sigue siendo en gran parte inexplorado. La representación de la Antártida como una frontera última del conocimiento sigue inspirando tanto historias especulativas como investigaciones científicas, consolidando su estatus como un lugar envuelto en misterio.

Conclusión

Los avistamientos de OVNIs en la Antártida, que van desde leyendas antiguas hasta imágenes modernas de satélite, representan una combinación única de misterio, ciencia e imaginación. Mientras que muchas de las pruebas permanecen disputadas o explicables mediante causas naturales, la idea de que algo extraordinario pueda estar escondido bajo el hielo sigue estimulando la curiosidad de aficionados e investigadores. La Antártida, con sus secretos aún por descubrir, sigue siendo un símbolo de la eterna búsqueda de lo desconocido, desafiando los límites de nuestra comprensión e invitando a explorar no solo el mundo físico, sino también los límites de nuestra imaginación. Este remoto continente encarna la tensión entre lo conocido y lo que permanece envuelto en misterio, estimulando constantemente preguntas y sirviendo de inspiración para nuevas generaciones de exploradores y soñadores.

LA MISTERIOSA ANOMALÍA GRAVITACIONAL DE WILKES LAND Y SUS VÍNCULOS CON LOS "CRÁTERES DE IMPACTO"

Wilkes Land, una vasta región situada bajo los hielos de la Antártida oriental, se ha convertido en objeto de intensas especulaciones científicas y misterios no resueltos, en gran parte debido a una peculiar anomalía gravitacional detectada en esta zona. El interés en ella comenzó cuando, en la década de 1950, los primeros estudios gravimétricos revelaron una perturbación anómala en el campo gravitacional terrestre, un hecho que inmediatamente llamó la atención de la comunidad científica. Posteriores investigaciones alimentaron aún más el fascino por esta área, sugiriendo la posible presencia de una gigantesca masa subterránea que podría reescribir parte de la historia geológica del planeta. Los datos sugieren la presencia de una gigantesca masa subterránea que ha alterado significativamente el campo gravitacional de la región. Este fenómeno ha llevado a muchos estudiosos a especular que podría tratarse de un antiguo cráter de impacto, potencialmente relacionado con un evento catastrófico en la historia terrestre.

El descubrimiento de la anomalía

La anomalía gravitacional de Wilkes Land fue identificada por primera vez durante misiones de levantamiento gravimétrico en la década de 1950. Sin embargo, fue solo gracias a las tecnologías satelitales avanzadas, como las utilizadas por la misión GRACE (Gravity Recovery and

Climate Experiment), que se pudo obtener un mapa detallado del fenómeno. Los datos revelaron una perturbación significativa en el campo gravitacional terrestre, concentrada en una región de unos 300 kilómetros de diámetro. Esta anomalía se encuentra bajo capas de hielo de más de 2 kilómetros de espesor, lo que hace extremadamente difícil el acceso físico y el estudio directo. Según los modelos elaborados por los científicos, la masa responsable de esta perturbación podría ser un enorme depósito de material denso, enterrado profundamente bajo el hielo. Esta hipótesis fue formulada al analizar anomalías en el campo gravitacional terrestre y compararlas con los datos obtenidos de misiones satelitales, como GRACE. Los científicos también utilizaron simulaciones por computadora para modelar la distribución de la masa y detectaron características compatibles con un cráter de impacto, como la densidad anómala y la disposición de los materiales circundantes. Las observaciones más recientes indican que esta masa podría estar compuesta por materiales como hierro y níquel, similares a los encontrados en otros sitios de impacto conocidos.

Vínculos con los cráteres de impacto

La idea de que la anomalía de Wilkes Land podría representar un cráter de impacto se basa en similitudes con otras estructuras conocidas en nuestro planeta, como el famoso cráter Chicxulub en México, asociado con la extinción de los dinosaurios. Las dimensiones de la anomalía sugieren que el hipotético asteroide tendría un diámetro de aproximadamente 30-50 kilómetros, con una fuerza de impacto suficiente para desencadenar cambios climáticos y geológicos devastadores a nivel global. Algunos estudiosos han sugerido que este impacto podría estar relacionado con eventos catastróficos como la gran extinción del Pérmico-Triásico, ocurrida hace unos 250 millones de años. Este evento, conocido como "la gran mortalidad", se asoció con un aumento drástico de las temperaturas globales, la acidificación de los océanos y una masiva emisión de gases de efecto invernadero, probablemente desencadenados por fenómenos volcánicos intensos o impactos extraterrestres. Tales cambios climáticos habrían alterado profundamente los ecosistemas planetarios, provocando la desaparición de numerosas especies. Esta extinción, que arrasó con aproximadamente el 90% de las especies marinas y el 70% de las especies terrestres, sigue siendo uno de los eventos más dramáticos en la historia del planeta. Aunque no existen pruebas definitivas que vinculen directamente la anomalía de Wilkes Land con dicho evento, las dimensiones y la energía estimada del hipotético impacto la convierten en un candidato plausible. Además, modelos climáticos recientes sugieren que un impacto de tal magnitud podría haber generado masivas emisiones de gases de efecto invernadero y alterado profundamente los ecosistemas globales.

Exploraciones científicas y desafíos tecnológicos

A pesar del interés científico, el estudio de la anomalía de Wilkes Land es extremadamente complicado debido a su ubicación remota y las condiciones ambientales prohibitivas. El hielo que cubre el área no solo dificulta el acceso, sino que también distorsiona las señales radar y gravimétricas, limitando la precisión de las mediciones. Para superar estos desafíos, los científicos están desarrollando tecnologías innovadoras, como drones autónomos capaces de penetrar el hielo y recopilar datos directamente de la superficie subyacente.

Recientes misiones experimentales han utilizado sondas equipadas con sensores avanzados para analizar la composición química del hielo y detectar posibles rastros de materiales extraterrestres. Un ejemplo significativo es la misión IceBridge de la NASA, que ha utilizado radares penetrantes y gravímetros para mapear con precisión la estructura del hielo sobre la anomalía. Los datos recopilados han revelado concentraciones anómalas de minerales metálicos, lo que sugiere la posibilidad de un antiguo evento de impacto. Este resultado ha impulsado investigaciones adicionales dirigidas a identificar las características geoquímicas de la región. Estos instrumentos, combinados con el uso de modelos computarizados, están proporcionando pistas cada vez más detalladas sobre el origen de la anomalía. Otro enfoque es el análisis de los escombros y rocas expulsados por el hipotético impacto, que podrían estar atrapados en los hielos circundantes. Muestras de este tipo podrían proporcionar pistas cruciales sobre la composición química y la edad del objeto que causó la anomalía, ayudando a esclarecer su papel en la historia geológica del planeta.

Teorías alternativas y especulaciones

Además de la teoría del cráter de impacto, algunas hipótesis alternativas han tratado de explicar la anomalía gravitacional de Wilkes Land. Una de estas sugiere que podría tratarse de una estructura geológica natural, como una gigantesca formación volcánica o un acumulado de minerales metálicos. Algunos geólogos creen que el fenómeno podría estar relacionado con la dinámica de los movimientos tectónicos que ocurrieron durante la fragmentación del supercontinente Gondwana, hace unos 180 millones de años. Esta teoría implica que la masa detectada podría representar una concentración de materiales derivados de antiguas actividades volcánicas. En el reino de las teorías especulativas, algunos investigadores independientes han propuesto ideas más audaces, sugiriendo que la anomalía podría estar vinculada a estructuras artificiales enterradas, tal vez de origen extraterrestre. Un ejemplo célebre de esta narrativa es la novela de ciencia ficción "At the Mountains of Madness" de H.P. Lovecraft, que imagina una civilización antigua y avanzada oculta bajo los hielos de la Antártida. Aunque obras como esta pertenecen a la ficción, continúan inspirando debates y generando nuevas interpretaciones sobre la posibilidad de misterios aún no explorados en el continente. Algunas de estas teorías se basan en hallazgos de presuntas simetrías geométricas que, según los defensores, no serían compatibles con los procesos naturales. Aunque estas hipótesis son consideradas marginales por la comunidad científica, el misterio que rodea a Wilkes Land sigue alimentando la imaginación de aficionados y escritores de ciencia ficción.

El significado del descubrimiento

Independientemente de su origen, la anomalía gravitacional de Wilkes Land representa una ventana única hacia la historia geológica de la Tierra y las fuerzas que han modelado nuestro planeta. Si se confirma como un cráter de impacto, la anomalía de Wilkes Land podría proporcionar nueva información sobre las consecuencias de los impactos asteroides a escala planetaria y sus repercusiones en la evolución de la vida en la Tierra. Además, este descubrimiento podría contribuir a mejorar nuestro conocimiento geológico, ayudándonos a comprender mejor las dinámicas terrestres de hace millones de años, abriendo también el camino hacia tecnologías más avanzadas para explorar ambientes extremos como los de la Antártida.

PRESUNTOS ENCUENTROS EXTRATERRESTRES Y TEORÍAS SOBRE LA IMPLICACIÓN DE LOS GOBIERNOS

El fenómeno de los presuntos encuentros con civilizaciones extraterrestres ha alimentado durante décadas debates intensos, hipótesis especulativas y un vasto corpus de relatos que van desde la narrativa popular hasta la investigación académica. La cuestión se entrelaza inevitablemente con teorías sobre la implicación de los gobiernos, que a menudo son acusados de encubrir pruebas o de colaborar secretamente con entidades alienígenas. Estos presuntos encuentros representan uno de los misterios más fascinantes y controvertidos de nuestro tiempo, planteando preguntas fundamentales sobre la posibilidad de vida más allá de nuestro planeta y sobre la naturaleza del poder gubernamental.

Encuentros documentados y avistamientos célebres

Los encuentros extraterrestres más conocidos incluyen episodios que han marcado la cultura popular y alimentado el debate científico. Uno de los casos más famosos es el de Roswell, en 1947, cuando un objeto no identificado se estrelló en un rancho en Nuevo México. Las autoridades declararon inicialmente que se trataba de un platillo volador, para luego rectificar la declaración afirmando que se trataba de un globo meteorológico. Este cambio de versión contribuyó a crear un halo de misterio en torno al evento, que fue posteriormente vinculado a numerosas teorías conspirativas y a interrogantes no resueltos sobre las tecnologías involucradas. Una de las teorías más discutidas sostiene que el objeto recuperado era una nave extraterrestre con tecnología avanzada, que posteriormente fue estudiada en estructuras militares secretas como el Área 51. Esta hipótesis ha alimentado décadas de especulaciones e incluso testimonios de presuntos informantes, aumentando el aura enigmática en torno al caso de Roswell.

Otro ejemplo significativo es el de los avistamientos masivos en Bélgica entre 1989 y 1990. Durante este período, cientos de testigos informaron haber visto objetos triangulares con luces brillantes sobrevolar el país. Las autoridades militares y civiles confirmaron la actividad anómala, pero no pudieron ofrecer explicaciones definitivas. Entre las hipótesis consideradas en ese momento estuvieron ejercicios militares secretos, fenómenos atmosféricos inusuales e incluso el posible uso de drones experimentales, que sin embargo fueron rápidamente descartados por la ausencia de pruebas coherentes con tales explicaciones. La falta de respuestas concretas contribuyó a mantener el evento envuelto en misterio. A esto se añadió la implicación de radares militares que detectaron movimientos aéreos no convencionales, alimentando aún más las teorías sobre el origen de estos fenómenos.

Además de estos episodios, el caso de las "Luces de Phoenix" en 1997 sigue siendo uno de los más controvertidos en la historia de los avistamientos de OVNIs. Miles de residentes en Arizona observaron una formación de luces misteriosas moverse por el cielo, un evento que recibió una enorme cobertura mediática. Aunque algunas explicaciones atribuyeron el fenómeno a ejercicios militares, muchos testigos rechazaron esta versión, describiendo las luces como parte de un vehículo de dimensiones extraordinarias.

Teorías sobre la implicación de los gobiernos

Un elemento recurrente en las narrativas sobre los encuentros extraterrestres es el presunto papel de los gobiernos en ocultar información. Según algunas teorías, numerosos países habrían establecido contacto directo con civilizaciones alienígenas, pero habrían optado por mantener secretos estos contactos por razones de seguridad nacional o para evitar el pánico entre la población. Una de las hipótesis más difundidas es que los gobiernos están colaborando con entidades extraterrestres en el desarrollo de tecnologías avanzadas, como motores de propulsión antigravitacional o nuevas fuentes de energía.

Un ejemplo emblemático es la presunta Área 51 en Estados Unidos, una base militar altamente secreta en el desierto de Nevada. Esta estructura ha sido durante mucho tiempo el centro de especulaciones según las cuales albergaría restos de OVNIs y podría ser el escenario de experimentos secretos con tecnologías alienígenas. A pesar de las desmentidas oficiales, el Área 51 sigue siendo considerada un símbolo de la secretividad gubernamental y del posible encubrimiento de verdades incómodas. Algunos informantes, como el ingeniero Bob Lazar, han alimentado estas narrativas afirmando haber trabajado en tecnologías de origen extraterrestre dentro de la base.

Otro caso relevante es el de los documentos recientemente desclasificados por el gobierno de los Estados Unidos, que hacen referencia a fenómenos aéreos no identificados (UAP). Estos informes, liberados entre 2020 y 2021, confirman la existencia de episodios inexplicables, pero no proporcionan pruebas definitivas sobre su origen extraterrestre. Uno de los episodios citados involucra un objeto no identificado avistado por pilotos de la Marina de los Estados Unidos en 2004, conocido como el incidente del

"Tic Tac". El objeto, descrito como blanco y sin alas, se movía a velocidades increíbles y realizaba maniobras que parecían desafiar las leyes de la física conocidas. Este episodio, documentado también a través de videos radar, ha generado numerosos interrogantes entre los expertos. Sin embargo, su publicación ha reforzado las creencias de aquellos que consideran que los gobiernos saben más de lo que dicen públicamente, planteando dudas sobre la transparencia de las autoridades.

Hipótesis científicas y alternativas

Aunque muchos de los avistamientos de OVNIs y encuentros alienígenas siguen siendo inexplicables, la comunidad científica recomienda cautela. Numerosos fenómenos atribuidos a los extraterrestres podrían tener explicaciones naturales o tecnológicas relacionadas con proyectos militares secretos. Por ejemplo, algunos avistamientos de objetos voladores extraordinarios podrían ser atribuibles a pruebas de prototipos avanzados de aviones, como el famoso SR-71 Blackbird o el B-2 Spirit, ambos capaces de rendimientos aerodinámicos excepcionales para la época.

Además, la psicología ofrece ideas útiles para comprender cómo las ilusiones ópticas, la sugestión colectiva y los sesgos cognitivos pueden influir en las percepciones. Por ejemplo, experimentos realizados en contextos controlados, como los efectuados en los años 70 por el psicólogo Robert Sheaffer, demostraron que las personas pueden interpretar fácilmente luces en el cielo como fenómenos no terrestres si son influenciadas por relatos preexistentes o contextos sugestivos. En uno de estos estudios, los participantes fueron expuestos a luces colocadas estratégicamente en un entorno natural y, después de ser informados sobre presuntos avistamientos de OVNIs en la zona, describieron las luces como vehículos voladores de origen no terrestre.

Sin embargo, la falta de pruebas definitivas no ha detenido a los estudiosos independientes y a los aficionados, que continúan explorando la posibilidad de contactos con civilizaciones alienígenas. Proyectos como el SETI (Search for Extraterrestrial Intelligence) representan un enfoque científico en esta búsqueda, utilizando tecnologías avanzadas para captar señales de radio que podrían provenir de otras formas de vida inteligentes en el universo. Además, iniciativas privadas como el proyecto Breakthrough Listen han ampliado significativamente las capacidades de detección, aumentando las esperanzas de descubrir posibles rastros de comunicaciones extraterrestres.

Impacto cultural y social

El fenómeno de los encuentros extraterrestres ha tenido un impacto significativo en la cultura contemporánea. Desde películas como "Encuentros Cercanos del Tercer Tipo" de Steven Spielberg hasta series de televisión como "Expediente X", estas historias han influido profundamente en la imaginación colectiva, estimulando un interés generalizado por lo desconocido. Al mismo tiempo, han alimentado una subcultura de aficionados y teóricos de la conspiración, que ven en los avistamientos de OVNIs y las declaraciones crípticas de los gobiernos un rompecabezas por resolver.

Además del entretenimiento, el fenómeno ha inspirado debates académicos y reflexiones filosóficas. La idea de un contacto con civilizaciones extraterrestres plantea cuestiones éticas y filosóficas de gran alcance. ¿Cómo reaccionaría la humanidad ante la confirmación de la existencia de otras inteligencias en el universo? Un escenario hipotético a menudo discutido fue elaborado en el "Informe Brookings" de 1960, encargado por la NASA, que sugería que tal revelación podría tener impactos profundos en la sociedad. Entre las previsiones figuran una posible desestabilización de las instituciones religiosas, un shock cultural para las sociedades menos tecnológicamente avanzadas y un reajuste general de las prioridades humanas. Además, estudios recientes han explorado modelos de reacción colectiva, como los analizados por la Universidad de Arizona, que simularon las respuestas emocionales y prácticas de diversas comunidades globales. Los resultados sugieren que, aunque inicialmente prevalezcan el miedo o la incredulidad, muchos individuos podrían ver el descubrimiento como una oportunidad para ampliar las perspectivas culturales y tecnológicas de la humanidad.

CAPÍTULO 8: LA CAMPANA NAZI Y LAS BASES SECRETAS

EL PROYECTO DIE GLOCKE: ¿TECNOLOGÍA AVANZADA O MITO?

En el vasto panorama de las teorías conspirativas relacionadas con el período nazi, pocas capturan la imaginación como la de "Die Glocke", o "La Campana". Presumiblemente desarrollado dentro del misterioso programa de armas secretas de la Alemania nazi, este dispositivo enigmático es descrito como un objeto de forma campaniforme con propiedades tecnológicas avanzadas, capaz, según algunas fuentes, de alterar el tiempo y el espacio. Algunas narrativas atribuyen a Die Glocke el potencial de cambiar el curso del conflicto mundial, evocando imágenes de una tecnología tan avanzada que parecería pertenecer a un futuro distante. Pero, ¿cuánto de esta narración está respaldado por pruebas concretas y cuánto es fruto del mito y la especulación?

Orígenes de la leyenda

La historia de Die Glocke emerge principalmente de los escritos de Igor Witkowski, un periodista e investigador polaco que en su libro "The Truth About the Wunderwaffe" (2000) reportó presuntos documentos y testimonios relacionados con el proyecto. Según Witkowski, estos documentos, obtenidos de una fuente anónima en los servicios secretos polacos, describían una serie de informes técnicos nazis que detallaban pruebas de dispositivos experimentales, incluida la Campana. Witkowski afirmaba que estos documentos incluían dibujos y notas operativas que sugerían el uso de tecnologías no convencionales, aunque la autenticidad de dichos materiales nunca ha sido verificada de manera independiente. Según Witkowski, Die Glocke era una máquina experimental desarrollada bajo la supervisión del general de las SS Hans Kammler, un hombre conocido por su conexión con otros proyectos secretos nazis. Se dice que la Campana tenía una altura de aproximadamente 2,7 metros y un ancho de 1,5 metros, revestida con un material metálico desconocido y capaz de emitir radiaciones letales durante su funcionamiento.

Witkowski afirmó que el dispositivo utilizaba una sustancia llamada "Xerum 525", un compuesto misterioso, quizás radiactivo, que alimentaba la máquina. La Campana, según la leyenda, habría sido diseñada para experimentos que iban más allá de la física convencional, explorando fenómenos como la antigravedad y la manipulación temporal. Algunas fuentes sugieren que las pruebas realizadas con Die Glocke causaron efectos devastadores en animales y plantas en el área circundante, añadiendo detalles macabros a su ya enigmática historia.

Las bases secretas y el contexto histórico

Die Glocke se asocia con frecuencia a una estructura conocida como "The Henge" ("El Recinto"), situada cerca de la mina de Wenceslaus en Polonia. Este anillo de concreto armado, aparentemente inútil, ha despertado el interés de los estudiosos por su arquitectura inusual, que parece diseñada para resistir fuertes solicitaciones o vibraciones. Algunos hipotetizan que se utilizaba como estructura de soporte para pruebas de alta intensidad energética, relacionadas con los experimentos de Die Glocke. Además, la proximidad a una mina estratégica y a un área militar reservada ha reforzado la idea de que el sitio desempeñaba un papel significativo en los proyectos secretos nazis.

En el contexto de la carrera armamentista durante la Segunda Guerra Mundial, los nazis eran conocidos por sus programas de investigación avanzada, que abarcaban desde jets supersónicos hasta misiles balísticos. Sin embargo, no existen pruebas documentadas o materiales concretos que confirmen la existencia real de Die Glocke como tecnología operativa. La escasez de datos certeros ha contribuido a hacer florecer el mito, alimentado también por la desaparición del general Kammler al final de la guerra. Kammler, una figura crucial en los proyectos secretos del Tercer Reich, desapareció sin dejar rastro, dando lugar a hipótesis de encubrimiento o de fuga a bases ocultas, posiblemente en América del Sur o en la Antártida.

¿Tecnología avanzada o pseudociencia?

Las descripciones atribuidas a Die Glocke parecen pertenecer más al ámbito de la ciencia ficción que a la ciencia real. La idea de un dispositivo capaz de generar antigravedad o de manipular el tiempo ha sido analizada durante mucho tiempo por los expertos, pero sin hallazgos creíbles. Algunos físicos han señalado que los efectos descritos violarían las leyes fundamentales de la física tal como las entendemos hoy. No obstante, la narración ha sido enriquecida con conexiones con presuntas tecnologías alienígenas, un tema que sigue estimulando debates y especulaciones.

Algunos teóricos sugieren que la Campana podría haber sido un prototipo para tecnologías aeroespaciales avanzadas o incluso un intento de acceder a dimensiones paralelas. Por ejemplo, algunos estudiosos han analizado las similitudes entre las descripciones de Die Glocke y las teorías sobre la antigravedad avanzada desarrolladas durante los primeros años de la Guerra Fría. Sin embargo, la comunidad científica ha rechazado a menudo estas hipótesis, subrayando que las leyes físicas actuales no apoyan tales posibilidades y que faltan pruebas concretas que respalden estas especulaciones. Aunque estas hipótesis carecen de apoyo empírico, representan un interesante punto de convergencia entre ciencia, esoterismo y mitología moderna.

El mito en la cultura popular

Die Glocke ha encontrado amplio espacio en la cultura popular, convirtiéndose en protagonista de novelas, documentales e incluso videojuegos. Su imagen suele asociarse a la de un arma definitiva, una especie de Santo Grial tecnológico que los nazis habrían intentado desarrollar para cambiar el curso de la guerra.

Por ejemplo, el videojuego "Call of Duty: Black Ops" presenta una versión novelada de la Campana, vinculándola a tramas de conspiraciones globales. Documentales emitidos por canales como History Channel han contribuido a mantener vivo el interés por esta leyenda, mezclando a menudo hechos históricos y especulaciones de manera sensacionalista. Uno de los ejemplos más conocidos es el documental "Nazi UFO Conspiracy" transmitido en 2008, que explora las teorías relacionadas con Die Glocke y el posible desarrollo de tecnologías avanzadas por parte del régimen nazi. Películas y libros de ciencia ficción también han aprovechado el concepto de Die Glocke para crear historias intrigantes que entrelazan ciencia y misterio.

La fascinación por Die Glocke no se limita al

entretenimiento. Algunos grupos de investigación independientes siguen explorando la idea de que la tecnología nazi pudo haber abierto el camino a innovaciones que fueron posteriormente integradas en los programas espaciales de las superpotencias. Aunque estas teorías no están respaldadas por pruebas concretas, representan un testimonio del poder evocador de esta leyenda.

Vínculos con otras teorías conspirativas

Die Glocke no es un caso aislado dentro del panorama de las teorías relacionadas con los nazis. La Campana a menudo se inserta en un contexto más amplio que incluye presuntas bases secretas en la Antártida, la Operación Highjump y los vínculos con los OVNIs. Por ejemplo, la Operación Highjump, una misión militar estadounidense de 1946 dirigida por el almirante Richard Byrd, se vincula con frecuencia a teorías sobre actividades secretas nazis en la Antártida. Aunque el objetivo declarado de la misión era el entrenamiento en condiciones extremas y la investigación científica, algunos sostienen que en realidad estaba destinada a descubrir y neutralizar bases subterráneas nazis que habrían albergado tecnologías avanzadas o incluso contactos con entidades extraterrestres. Estos relatos, aunque no respaldados por pruebas concretas, siguen alimentando el misterio en torno a las ambiciones tecnológicas del Tercer Reich.

Estas teorías, aunque carecen de respaldo, siguen influyendo en la imaginación colectiva, evocando escenarios de alianzas secretas y descubrimientos extraordinarios. La combinación de misterio histórico, desapariciones inexplicables y ambiciones científicas sin precedentes convierte a Die Glocke en un símbolo perdurable de las potencialidades inexploradas de la tecnología.

Las presuntas bases nazis en la Antártida y la teoría de la huida de Hitler

La historia de las presuntas bases secretas nazis en la

Antártida ha fascinado e intrigado a investigadores, teóricos de la conspiración y aficionados a los misterios durante décadas. Según algunas narrativas, el Tercer Reich habría construido infraestructuras avanzadas en el continente helado, utilizándolas como refugio secreto para sus líderes, incluido Adolf Hitler. Las teorías varían entre relatos de instalaciones subterráneas altamente tecnológicas y suposiciones de conexiones con entidades extraterrestres, alimentando un halo de misterio alrededor de toda la historia. Pero, ¿cuánto de estas teorías se basa en pruebas concretas y cuánto es alimentado por la fantasía colectiva?

Los orígenes de la teoría

Los rumores sobre las bases nazis en la Antártida tienen sus raíces en los planes de exploración e investigación alemanes de los años 30. En 1938-1939, la Alemania nazi envió una expedición a la zona de Neuschwabenland (Nueva Svevia), situada en la parte oriental del continente antártico. La misión, dirigida por el capitán Alfred Ritscher, tenía como objetivo explorar el territorio y reclamar su control para Alemania. Los aviones de la expedición mapearon vastas áreas del continente y soltaron marcadores con la esvástica, reclamando simbólicamente la región.

Según los partidarios de las teorías conspirativas, esta expedición no fue simplemente una operación científica, sino un preludio a la construcción de bases subterráneas avanzadas. Algunos relatos citan documentos y testimonios no verificados que describirían planes detallados para utilizar las cavernas naturales bajo el hielo como refugios seguros, equipados con tecnologías avanzadas y laboratorios para experimentos secretos. Entre estas fuentes, emergen con frecuencia referencias a supuestos proyectos arquitectónicos descubiertos después de la guerra, que habrían sugerido la presencia de estructuras militares innovadoras escondidas en el continente. Además, se hipotetiza que estas bases podrían haber servido como laboratorios para desarrollar armas avanzadas o incluso como centros de investigación para explorar tecnologías esotéricas.

La teoría de la huida de Hitler

Una de las teorías más audaces relacionadas con las bases en la Antártida es la presunta huida de Adolf Hitler. A pesar de que las evidencias históricas indican que Hitler se suicidó en el búnker de Berlín el 30 de abril de 1945, algunos teóricos sostienen que su muerte fue fingida y que logró escapar a la Antártida a través de una compleja red de rutas secretas.

Estas narrativas a menudo se entrelazan con la teoría del "Submarino U-977". Este submarino, después de atravesar el Atlántico sin ser detectado, finalmente se rindió a Argentina en agosto de 1945. Algunos partidarios de la teoría afirman que el viaje del submarino, que duró aproximadamente tres meses, fue parte de una misión secreta para transportar a Hitler, altos oficiales nazis o materiales altamente tecnológicos hacia una base en la Antártida. Estos relatos se intensificaron con el descubrimiento de supuestos documentos militares que sugerirían la implicación del submarino en operaciones secretas aún no completamente aclaradas. Algunos informes sugieren que el submarino transportaba materiales tecnológicos avanzados o incluso reliquias ocultas, como la Lanza de Longinos. Sin embargo, el capitán del submarino, Heinz Schäffer, siempre negó tales acusaciones, explicando que el retraso en la rendición se debió a problemas logísticos y no a misiones secretas. La falta de pruebas concretas no ha impedido que esta teoría se difunda, convirtiéndose en una de las más persistentes después de la guerra.

LA OPERACIÓN HIGHJUMP Y SUS IMPLICACIONES

La Operación Highjump, una vasta misión militar estadounidense llevada a cabo en 1946-1947 bajo la dirección del almirante Richard Byrd, es a menudo citada como una prueba indirecta de la existencia de bases nazis en la Antártida. Aunque el objetivo oficial de la misión era entrenar tropas en condiciones extremas y realizar estudios científicos, algunos teóricos sostienen que la operación en realidad tenía como objetivo descubrir las supuestas instalaciones nazis.

Los relatos sobre la Operación Highjump se alimentaron aún más por presuntos discursos de Byrd, en los cuales el almirante habría aludido a la presencia de "fuerzas enemigas avanzadas" en la Antártida. Según algunas fuentes, estas declaraciones habrían aparecido en artículos de periódicos sudamericanos de la época, como el "El Mercurio" chileno, que citaba a Byrd mientras describía vehículos aéreos de velocidad excepcional. Sin embargo, la falta de registros oficiales y la ausencia de confirmaciones de documentos estadounidenses siembran dudas sobre la autenticidad de tales afirmaciones, llevando a muchos historiadores a considerarlas fruto de interpretaciones o exageraciones periodísticas. La combinación de una misión militar a gran escala y el halo de secreto que la rodeaba ha seguido alimentando las especulaciones.

Las bases en la cultura popular

Las teorías sobre las bases nazis en la Antártida han encontrado un amplio espacio en la cultura popular, influyendo en libros, películas y documentales. Un ejemplo particularmente significativo es la película "Iron Sky", que explora una narrativa de ciencia ficción en la que los nazis habrían construido una base secreta en la Luna. Aunque la película es declaradamente satírica, ha contribuido a reavivar el interés por estas teorías, destacando su impacto en la imaginación colectiva.

Algunos autores también han sugerido que las presuntas bases pueden estar vinculadas a tecnologías avanzadas, incluidos los OVNIs y las armas futurísticas. En algunos relatos, estas tecnologías se describen como derivadas de contactos con civilizaciones extraterrestres, sosteniendo que los nazis habrían establecido alianzas secretas para obtener conocimientos superiores. Estos relatos, aunque altamente especulativos, han alimentado una imaginación colectiva fascinada por la idea de un Tercer Reich que nunca se rindió completamente y que continúa operando desde las sombras.

Además, las teorías sobre las bases nazis se han retomado en muchos videojuegos y series de televisión, reforzando su presencia en el entretenimiento moderno. Estas representaciones a menudo enfatizan elementos de ciencia ficción y escenarios distópicos, convirtiendo el tema en un terreno fértil para la creatividad narrativa.

El legado de las teorías

A pesar de la falta de pruebas concretas, las teorías sobre las bases nazis en la Antártida siguen influyendo en discusiones académicas y culturales. Por ejemplo, un estudio publicado en 2020 en la revista "Cultural Imaginaries" analizó cómo estas teorías reflejan los miedos colectivos y los mitos tecnológicos de la posguerra, destacando su papel en la formación de la imaginación popular. Del mismo modo, ensayos académicos recientes han explorado cómo la combinación de elementos históricos y de ciencia ficción en estas narrativas contribuye a perpetuar su atractivo. Algunos investigadores han analizado estos relatos como ejemplos de cómo los mitos modernos pueden construirse sobre fragmentos de verdad histórica y amplificados por la imaginación. La Antártida, con su aislamiento y su misterio intrínseco, representa el escenario ideal para relatos que desafían la realidad y abren espacio a infinitas especulaciones.

Conclusión

Las teorías sobre las bases nazis en la Antártida y sobre la huida de Hitler siguen siendo uno de los temas más controvertidos y debatidos entre los aficionados a las conspiraciones. Aunque no existen pruebas concretas que respalden estas afirmaciones, siguen suscitando curiosidad y estimulando debates. Ya sea mito o realidad parcial, estas historias ofrecen un punto de reflexión sobre cómo la historia y la imaginación pueden entrelazarse, creando relatos que desafían los límites de nuestro conocimiento. La intrigante combinación de elementos históricos, militares y de ciencia ficción asegura que estas leyendas sigan siendo un tema de fascinación inagotable para generaciones venideras.

LA CONEXIÓN ENTRE LAS TECNOLOGÍAS ALEMANAS Y LOS OVNIS

Durante la Segunda Guerra Mundial, la Alemania nazi destacó por su avanzada investigación tecnológica, a menudo llevando los límites de lo posible. Muchos historiadores y teóricos de la conspiración, incluidos autores como Joseph P. Farrell e Igor Witkowski, han planteado la hipótesis de que algunas de las innovaciones alemanas estaban relacionadas con tecnologías de origen no terrestre, abriendo el camino al mito moderno de los OVNIs. Aunque estas teorías siguen siendo altamente especulativas, su persistencia en la cultura popular y en la investigación histórica subraya un duradero fascino por la conexión entre el Tercer Reich y las presuntas tecnologías extraterrestres. Además, el contexto histórico y el incesante deseo de superar a los rivales tecnológicos alimentan aún más estas especulaciones, transformando narraciones simples en mitos persistentes.

Las armas avanzadas y los proyectos experimentales

Durante los años del conflicto, Alemania desarrolló una serie de armas revolucionarias, como los misiles V-2, considerados los precursores de la moderna tecnología balística. Sin embargo, algunos proyectos fueron más allá de la imaginación común, como la misteriosa "Campana" (Die Glocke), un dispositivo que habría combinado ciencia avanzada y elementos casi esotéricos. Según el periodista polaco Igor Witkowski, quien dio a conocer estas teorías, Die Glocke era una máquina experimental que utilizaba campos magnéticos giratorios para generar energía o manipular el espacio-tiempo. Esta descripción llevó a muchos a hipotetizar una conexión con la tecnología de los OVNIs. La posibilidad de que una máquina semejante haya representado un intento de controlar las leyes fundamentales de la física contribuye a que la "Campana" sea un objeto central en estas narraciones. Esta idea fue retomada por varias obras posteriores, como el documental "The Secret Nazi UFOs", que analiza la presunta conexión entre Die Glocke y los avistamientos modernos de OVNIs. Además, algunos teóricos han vinculado la "Campana" a proyectos científicos como el Experimento Filadelfia, sugiriendo un hilo conductor entre las tecnologías esotéricas alemanas y los presuntos experimentos de manipulación espacio-temporal realizados durante la Guerra Fría.

Otro ejemplo intrigante son los llamados "Foo Fighters", misteriosas esferas de luz avistadas por los pilotos aliados durante el conflicto. Aunque inicialmente se interpretaron como armas secretas alemanas, estas luces nunca fueron completamente explicadas, lo que alimentó las especulaciones sobre un posible origen alienígena o sobre una tecnología experimental no convencional desarrollada por el Reich. Algunos relatos afirman que las esferas parecían capaces de seguir a los aviones a gran velocidad, un comportamiento que dejó perplejos a muchos expertos de la época.

Un aspecto menos conocido son los proyectos aerodinámicos avanzados, como el "Disco de Schriever-Habermohl", un presunto prototipo de aeronave con forma de disco volador que habría tenido características similares a las de los OVNIs modernos. Este proyecto, según algunas fuentes, preveía un sistema de propulsión basado en turbinas rotatorias y un diseño aerodinámico innovador,

capaz de ofrecer maniobrabilidad extraordinaria.
Testimonios de la época informan que el ingeniero Rudolf
Schriever, uno de los responsables del proyecto, describió
sus pruebas iniciales como prometedoras, aunque nunca se
completaron debido al final de la guerra. Aunque muchos de
estos proyectos no superaron la fase de desarrollo, la idea de
que el Reich estuviera explorando tecnologías
aeroespaciales avanzadas sentó las bases para numerosas
teorías de conspiración, alimentando la imaginación
colectiva sobre las secretas tecnologías alemanas.

Los documentos secretos y los testimonios

Tras la guerra, varios científicos alemanes fueron
trasladados a Estados Unidos bajo el marco de la Operación
Paperclip, un programa secreto destinado a aprovechar los
conocimientos técnicos del Reich. Entre estos científicos se
encontraba Wernher von Braun, uno de los principales
arquitectos del programa espacial estadounidense. Algunos
teóricos han sugerido que las tecnologías desarrolladas por
los nazis, incluidas las relacionadas con los OVNIs, se
integraron en los proyectos militares estadounidenses. Los
científicos alemanes no solo trajeron consigo conocimientos
avanzados, sino también prototipos y proyectos
incompletos, que podrían haber inspirado algunas de las
primeras exploraciones en el espacio.

Un elemento clave de estas narrativas es el presunto
hallazgo de documentos secretos en las bases alemanas, los
cuales describirían prototipos de vehículos aéreos con forma
de disco. Entre los más conocidos se encuentra el proyecto
"Haunebu", que habría consistido en el desarrollo de una
aeronave avanzada capaz de maniobras extraordinarias y
velocidades sin precedentes. Aunque muchos estudiosos

consideran que los diseños y descripciones relacionados con el proyecto fueron creados después de la guerra para alimentar el mito nazi, algunos testimonios de la época sugieren que el Reich estaba realmente explorando conceptos avanzados de propulsión basados en campos electromagnéticos. Esta discrepancia entre las falsificaciones documentales y las hipótesis plausibles sigue manteniendo vivo el debate entre historiadores y aficionados a los misterios tecnológicos. Aunque la mayoría de estos documentos se consideran falsos o fuertemente exagerados, continúan influyendo en el debate. Algunos testimonios afirman que los proyectos eran tan avanzados que parecían incompatibles con los conocimientos tecnológicos de la época, reforzando la idea de una posible contribución extraterrestre.

Otro punto de interés son las presuntas declaraciones de oficiales aliados que habrían encontrado maquinaria incompleta o prototipos avanzados en las fábricas abandonadas del Reich. Estos testimonios, aunque no confirmados, han alimentado el mito de que algunas tecnologías de los nazis eran mucho más avanzadas de lo que oficialmente se reconoció.

La influencia en la cultura popular

La conexión entre las tecnologías alemanas y los OVNIs ha dejado una profunda huella en la cultura popular, inspirando libros, películas y teorías conspirativas. Obras como "El misterio de la Campana Nazi" y películas como "Iron Sky" han explorado estas ideas, mezclando historia, ciencia ficción y especulaciones audaces. De manera similar, numerosos documentales y programas de televisión continúan retomando estos temas, a menudo presentándolos como enigmas no resueltos.

En particular, la imagen del Tercer Reich como una potencia obsesionada con las tecnologías avanzadas ha alimentado un imaginario colectivo rico en recursos narrativos. Series de televisión como "The Man in the High Castle" y videojuegos como "Wolfenstein" han aprovechado estas ideas para crear mundos alternativos, donde los nazis son retratados como pioneros de tecnologías futuristas. En "The Man in the High Castle", por ejemplo, se explora una realidad distópica en la que el Reich ha desarrollado dispositivos avanzados para viajar entre dimensiones paralelas, un tema que subraya la obsesión nazi por el control total. De manera similar, "Wolfenstein" incluye maquinaria robótica y armas futuristas que refuerzan la imagen de un Tercer Reich tecnológicamente superior. Estos relatos no solo entretienen, sino que contribuyen a mantener vivo el mito de las tecnologías nazis, alimentando un imaginario colectivo impregnado de historia y ciencia ficción. Aunque estos relatos son obras de fantasía, extraen elementos históricos y especulativos que siguen estimulando la curiosidad del público.

Las teorías que conectan a los nazis con los OVNIs representan un punto de convergencia entre historia e imaginación, alimentando debates sobre cuánto del pasado sigue oculto y cuánto es fruto de la fantasía colectiva. Aunque no haya pruebas concretas que respalden estas hipótesis, su fascinación persiste, manteniendo vivo el interés por uno de los capítulos más misteriosos de la historia moderna. La combinación de realidad, mito y especulación ha creado un fenómeno cultural que sigue evolucionando, ofreciendo nuevos puntos de reflexión y entretenimiento para las generaciones venideras.

PARTE IV: MÁS ALLÁ DE LOS GLACIARES - CIENCIA Y MITOS MODERNOS

CAPÍTULO 9: EL LAGO VOSTOK - UNA VENTANA A MUNDOS ALIENÍGENAS

EL MISTERIO DEL AGUA LÍQUIDA BAJO KILÓMETROS DE HIELO

Situado bajo aproximadamente cuatro kilómetros de hielo, el Lago Vostok es uno de los lagos subglaciares más grandes del mundo y representa un enigma fascinante para científicos y apasionados de los misterios. Este lago, aislado del resto del planeta durante millones de años, ofrece una ventana única a ecosistemas que podrían existir también en ambientes extraterrestres. Su descubrimiento y el progresivo desvelamiento de sus secretos representan uno de los mayores desafíos científicos y una fuente de inspiración para teorías que abarcan desde la biología hasta la exploración espacial. Por ejemplo, los estudios sobre el Lago Vostok han influido en las estrategias para la futura exploración de Europa, la luna helada de Júpiter, donde condiciones similares podrían albergar formas de vida microbiana bajo la corteza de hielo. Esta conexión entre la ciencia terrestre y las ambiciones espaciales subraya la importancia del Lago Vostok como modelo para investigaciones astrobiológicas. Este escenario, en el que la naturaleza se encuentra con la ciencia ficción, sigue estimulando preguntas fundamentales sobre el origen y la resiliencia de la vida misma.

Un descubrimiento extraordinario

La presencia del Lago Vostok fue hipotetizada por primera vez en los años 50, pero fue solo en los años 90, gracias al uso de radares de penetración de hielo y mapeos gravitacionales, que se confirmó la existencia de este inmenso cuenca subglaciar. Con una superficie estimada de 15.690 kilómetros cuadrados, el Lago Vostok es comparable en tamaño al Lago Ontario, pero su profundidad y aislamiento lo hacen único.

Uno de los aspectos más sorprendentes del Lago Vostok es la presencia de agua líquida, posible gracias al calor geotérmico proveniente del núcleo terrestre y a la presión ejercida por el hielo superior. Este fenómeno ha planteado interrogantes fundamentales sobre la posibilidad de vida en ambientes extremos, convirtiendo al lago en un laboratorio natural para estudiar la biología en fronteras. El descubrimiento del lago también ha revelado detalles sobre la estructura interna de la capa de hielo antártica, ofreciendo pistas valiosas para entender mejor el comportamiento del hielo en un contexto de cambios climáticos globales.

Un laboratorio natural para la vida extrema

El interés científico por el Lago Vostok no se limita a su geología, sino que se extiende de manera significativa a la biología, que es uno de los aspectos más fascinantes y prometedores. Tras considerar las extraordinarias características físicas del lago, los científicos han dirigido su atención a las posibilidades de vida microbiana y las implicaciones para ambientes similares en otros cuerpos celestes. Los científicos han planteado que el lago podría albergar formas de vida microbiana únicas, adaptadas a condiciones de aislamiento total, oscuridad perenne y temperaturas extremas. Las perforaciones realizadas hasta hoy han revelado rastros de ADN microbiano, lo que sugiere que la vida podría haberse desarrollado de maneras completamente inesperadas. Estos descubrimientos tienen implicaciones profundas para la investigación astrobiológica, ya que ambientes similares podrían existir en lunas heladas como Europa de Júpiter y Encelado de Saturno.

El análisis de las muestras obtenidas ha mostrado la presencia de bacterias capaces de metabolizar minerales y sobrevivir en ambientes sin luz solar. Este tipo de vida, definida como quimioautotrófica, se alimenta de compuestos químicos presentes en las rocas, ofreciendo un modelo de cómo la vida podría prosperar en condiciones extraterrestres. Otros estudios han sugerido que algunos microbios podrían incluso ser capaces de resistir niveles altos de radiación, característica que los hace análogos perfectos para las posibles formas de vida en planetas como Marte. Cada nuevo descubrimiento en el Lago Vostok abre, por lo tanto, una ventana a mundos alienígenas, proporcionando pistas sobre cómo buscar vida más allá de la Tierra.

Los desafíos tecnológicos y las controversias

La exploración del Lago Vostok ha estado acompañada de enormes desafíos tecnológicos. Perforar el hielo sin contaminar el entorno subglaciar ha requerido el desarrollo de tecnologías innovadoras, como perforadoras selladas y fluidos de perforación esterilizados. A pesar de estos esfuerzos, no han faltado críticas, con muchos ambientalistas y científicos que temen que los métodos utilizados puedan introducir contaminantes en el lago, alterando su frágil ecosistema.

La complejidad de las operaciones se ha visto aún más amplificada por la necesidad de operar en uno de los ambientes más inhóspitos del planeta. Las temperaturas extremas, los vientos violentos y el aislamiento logístico han representado desafíos constantes para los equipos de investigación. Las perforaciones han requerido años de planificación, y cada nuevo paso ha implicado riesgos significativos para la integridad del proyecto.

Simultáneamente, el interés geopolítico por la Antártida ha agregado una dimensión política a la cuestión. Por ejemplo, durante las exploraciones del Lago Vostok, Rusia ha enfrentado críticas internacionales por el supuesto incumplimiento de las normas ambientales establecidas por el Tratado Antártico. Este acuerdo, firmado por decenas de naciones, tiene como objetivo preservar la integridad del medio ambiente antártico, limitando las actividades humanas que puedan ser perjudiciales. La tensión entre la necesidad de investigación científica y la conservación ambiental ha planteado interrogantes sobre la gestión de los recursos naturales en la Antártida, convirtiendo al Lago Vostok en un punto central de discusión a nivel global. Además, la presencia de recursos naturales potencialmente valiosos bajo la capa de hielo ha alimentado debates sobre cómo equilibrar la investigación científica con la conservación ambiental.

Mitos y especulaciones

El Lago Vostok no solo ha capturado la imaginación de los científicos, sino también la de teóricos y entusiastas de los misterios. Algunos sostienen que el lago podría esconder restos de antiguas civilizaciones o incluso bases extraterrestres. Aunque estas afirmaciones carecen de base científica, la naturaleza aislada e inaccesible del Lago Vostok sigue alimentando especulaciones. Numerosos libros y documentales han contribuido a difundir teorías según las cuales el lago podría ser el refugio de tecnologías antiguas o secretos que datan de épocas prehistóricas.

Otro hilo especulativo vincula al Lago Vostok con la teoría de la Tierra Hueca, sugiriendo que la cuenca podría ser un punto de acceso a un mundo subterráneo. Esta idea también ha encontrado espacio en la cultura popular, como en la novela de ciencia ficción "Viaje al centro de la Tierra" de Jules Verne, que explora la posibilidad de un mundo oculto bajo la superficie terrestre. Más recientemente, documentales y series de televisión han utilizado estas teorías para construir narrativas intrigantes, alimentando aún más el fascinamiento por esta hipótesis. Estas ideas, aunque ampliamente consideradas fantasiosas, destacan cómo la ciencia y la fantasía a menudo se entrelazan cuando se trata de territorios inexplorados. Algunos teóricos incluso han especulado que las estructuras geométricas detectadas por los radares podrían indicar la presencia de construcciones artificiales, aunque tales afirmaciones no han encontrado ningún respaldo concreto.

Conclusión

El Lago Vostok representa un capítulo extraordinario en la historia de la exploración científica. Con sus aguas aisladas durante millones de años, es una ventana a mundos alienígenas, tanto en la Tierra como en el espacio. Los descubrimientos realizados hasta ahora han abierto nuevas perspectivas sobre la vida en ambientes extremos y sobre la astrobiología, demostrando cómo la ciencia puede ir más allá de los límites de lo conocido. Un ejemplo significativo es la identificación de bacterias quimioautotróficas en el Lago Vostok, capaces de sobrevivir alimentándose exclusivamente de compuestos químicos presentes en las rocas. Este descubrimiento ha revolucionado la forma en que consideramos la resiliencia de la vida, ofreciendo un modelo concreto para comprender cómo podría prosperar en ambientes extraterrestres, como las profundidades oceánicas de las lunas heladas de Júpiter y Saturno. Al mismo tiempo, los desafíos tecnológicos y las especulaciones que rodean al lago nos recuerdan cuánto queda aún por descubrir, alimentando la eterna curiosidad humana hacia lo desconocido. Mientras las investigaciones continúan, el Lago Vostok no solo es una maravilla científica, sino también una fuente inagotable de inspiración para la comprensión de nuestro planeta y del universo.

EL PULPO DE 14 BRAZOS Y OTRAS CRIATURAS EXTRAORDINARIAS: ¿VERDAD O INVENCIÓN?

En los abismos oceánicos, donde la luz solar no penetra y las presiones son inimaginables, se esconden algunas de las criaturas más fascinantes y misteriosas de nuestro planeta. Entre ellas se encuentran los calamares gigantes, observados solo recientemente en la naturaleza, y las criaturas bioluminiscentes como las medusas que brillan en la oscuridad. Cada nueva exploración revela un mundo lleno de organismos extraordinarios que desafían nuestros conocimientos sobre la vida. Entre estas criaturas, el llamado "pulpo de 14 brazos" ha capturado la atención de científicos, marineros y entusiastas de la criptozoología. Pero, ¿cuánto hay de cierto en esta historia? ¿Es posible que tal ser exista realmente, o se trata de una leyenda alimentada por el miedo y la imaginación? En un mundo donde gran parte de los océanos permanece inexplorada, el misterio sigue fascinando y dividiendo.

Un pulpo fuera de lo común

El descubrimiento del pulpo de 14 brazos se remonta a relatos de marineros japoneses que describieron un cefalópodo de dimensiones impresionantes, con brazos adicionales a los ocho tentáculos comunes. Denominada "Makaryu" en las historias locales, se decía que esta criatura era lo suficientemente grande como para volcar pequeñas embarcaciones y se ocultaba en las profundidades del Pacífico. En la mitología japonesa, el Makaryu se ve a menudo como una criatura protectora de las profundidades, similar a un dragón marino, que representa tanto el peligro como la sacralidad del océano. Algunas leyendas narran que su avistamiento era una señal de acontecimientos extraordinarios o catastróficos, vinculando al Makaryu con una simbología de respeto y temor hacia las fuerzas de la naturaleza. Durante mucho tiempo, la falta de pruebas científicas relegó estas historias al reino de las leyendas. Sin embargo, en 2007, se descubrió una anomalía durante una expedición frente a las costas de Japón: fragmentos de tentáculos aparentemente pertenecientes a un pulpo de gran tamaño, con una configuración anatómica inusual. Estos fragmentos, analizados posteriormente, revelaron características que sugieren la existencia de un ejemplar no catalogado.

Los testimonios locales relatan encuentros aterradores con esta criatura, que habría atacado pesqueros en noches sin luna. Aunque tales historias pueden parecer exageradas, los fragmentos recuperados han reavivado el interés científico, lo que ha llevado a nuevas expediciones en busca de pruebas más concretas.

La biología de las criaturas imposibles

Los expertos en biología marina han señalado que los cefalópodos, con su extraordinario patrimonio genético, son de las criaturas más adaptables del reino animal. Mutaciones genéticas o anomalías congénitas podrían teoréticamente explicar la existencia de un pulpo con más de ocho brazos. La posibilidad de que la anomalía descubierta en 2007 pertenezca a un individuo con una rara mutación no ha sido descartada, aunque la falta de un ejemplar completo hace difícil llegar a conclusiones definitivas. Algunos científicos sugieren que tales anomalías podrían estar relacionadas con fenómenos ambientales extremos, como la contaminación química o la radiactividad natural de las profundidades oceánicas. Un ejemplo específico son los estudios realizados en zonas altamente contaminadas del Pacífico, donde algunas especies de cefalópodos han mostrado mutaciones inusuales, lo que sugiere que las condiciones extremas pueden influir significativamente en su desarrollo.

Además, los océanos siguen siendo en gran parte inexplorados: se estima que más del 80% de los fondos marinos permanecen desconocidos. En estos ambientes, donde la presión y la oscuridad protegen a las criaturas de la intervención humana, podrían existir especies que desafían nuestro conocimiento actual. Si el pulpo de 14 brazos existe, podría ser una de estas maravillas aún ocultas. Recientemente, estudios realizados con drones submarinos han revelado la presencia de cefalópodos en hábitats extremadamente profundos, reforzando la idea de que pueden existir especies aún desconocidas.

Otros habitantes de los abismos: entre mito y realidad

El pulpo de 14 brazos no es el único habitante de las profundidades que ha despertado la imaginación humana. Desde los calamares gigantes, que alguna vez se pensaron pura fantasía, hasta el pez "Blobfish", conocido por su apariencia extraña, las profundidades marinas continúan sorprendiendo. Un ejemplo llamativo es el "Axolotl Abisal", una criatura avistada en 2019 durante una expedición robótica en el Golfo de México, cuya forma única hizo pensar en una conexión entre especies superficiales y aquellas de las profundidades. El Axolotl Abisal resultó ser un fenómeno de adaptación evolutiva, capaz de resistir presiones extremas gracias a una piel especialmente gruesa y a un sistema respiratorio adaptado.

Otro caso famoso es el del llamado "Dragón Marino de Mariana", avistado por sonar en 2011. Durante una expedición científica en la Fosa de las Marianas, los sonar detectaron una estructura móvil de más de 30 metros de largo, con movimientos que sugerían un comportamiento animal más que un fenómeno geológico. La comunidad científica reaccionó con gran interés, pero también con escepticismo, señalando que las anomalías detectadas podrían deberse a interferencias instrumentales o la presencia de bancos de peces no identificados. Sin embargo, la ausencia de una confirmación visual directa ha dejado el caso envuelto en misterio, continuando alimentando teorías especulativas sobre la posibilidad de criaturas gigantes aún desconocidas. Aunque los datos recopilados no han llevado al descubrimiento de un organismo físico, las anomalías detectadas por los instrumentos sugieren la presencia de algo extremadamente grande y no identificado. Algunos expertos han planteado la hipótesis de que podría tratarse de una especie de cetáceo desconocido, mientras que otros creen que las detecciones podrían ser producto de fenómenos geológicos. Independientemente de la verdad, estas historias alimentan la idea de que los océanos son un mundo aún en gran parte inexplorado.

Criaturas fantásticas en la cultura y la ciencia

Las profundidades marinas siempre han inspirado la imaginación humana. Mitos antiguos como el Kraken o el Leviatán cuentan de monstruos gigantes que habitan los océanos, reflejando el temor y la maravilla que estos ambientes provocan. Hoy en día, estas leyendas encuentran eco en obras de ciencia ficción y en películas como "The Abyss" o "Pacific Rim", que especulan sobre la existencia de criaturas marinas extraordinarias. Paralelamente, la ciencia sigue realizando descubrimientos que antes habrían parecido imposibles. El calamar gigante, por ejemplo, documentado por primera vez con grabaciones de video en 2004, pasó de ser leyenda a realidad.

Las tecnologías modernas, como los drones submarinos y los sonar de alta resolución, están permitiendo explorar áreas de los océanos hasta ahora inalcanzables. Por ejemplo, en 2022, un drone submarino identificó un ecosistema único alrededor de una fumarola hidrotermal en el Océano Pacífico, revelando especies de bacterias y crustáceos nunca documentados antes. Estos descubrimientos demuestran cómo tales tecnologías pueden ampliar nuestros conocimientos sobre ambientes extremos y biodiversidad marina. Estos instrumentos ya han llevado al descubrimiento de ecosistemas únicos, como las fumarolas hidrotermales, que albergan organismos extremófilos. Podrían ser precisamente estas tecnologías las que revelen la existencia del pulpo de 14 brazos o de otras criaturas extraordinarias en las próximas décadas.

¿Verdad científica o sugestión?

Las historias de criaturas extraordinarias de los abismos ponen a prueba los límites de nuestro conocimiento y nuestra imaginación. Mientras que algunas de estas afirmaciones encuentran confirmación en estudios científicos y observaciones directas, otras siguen ancladas en el reino del folclore y la especulación. Para el pulpo de 14 brazos, la cuestión sigue abierta: ¿es una especie real, oculta en las profundidades, o una leyenda nacida de la incapacidad humana de aceptar lo que no puede ser explicado fácilmente?

Una cosa es cierta: los océanos todavía conservan secretos que esperan ser revelados. Ya sea a través de descubrimientos biológicos revolucionarios o mitos que alimentan nuestra sed de maravillas, las profundidades marinas seguirán inspirando historias, estudios y sueños para las generaciones venideras. El misterio del pulpo de 14 brazos no es solo una curiosidad científica, sino un símbolo del potencial inexplorado de nuestro planeta, un llamado constante a la grandeza y el misterio del mundo natural.

SIMILITUDES CON EUROPA, LA LUNA DE JÚPITER, Y LAS IMPLICACIONES PARA LA BÚSQUEDA DE VIDA EXTRATERRESTRE

Las profundidades oceánicas de nuestro planeta siempre han estimulado la comparación con ambientes alienígenas, impulsando a científicos y entusiastas a buscar analogías entre la Tierra y otros cuerpos celestes. Una de las analogías más intrigantes surge de la comparación entre los océanos terrestres y las hipotéticas aguas subterráneas de Europa, la luna de Júpiter. Considerada una de las candidatas más prometedoras para albergar formas de vida extraterrestre en nuestro sistema solar, Europa presenta características que la hacen extraordinariamente similar a ciertos ecosistemas extremos de la Tierra, abriendo escenarios fascinantes para la investigación astrobiológica.

Europa: un océano bajo el hielo

Europa está cubierta por una gruesa corteza de hielo que esconde un océano global de agua líquida, mantenida así gracias al calor generado por la interacción gravitacional con Júpiter. Este fenómeno, conocido como marea gravitacional, provoca una constante expansión y compresión de la luna, generando fricción dentro de su núcleo y liberando el calor necesario para mantener el agua líquida a pesar de las temperaturas extremadamente bajas de su superficie. Este descubrimiento, posible gracias a misiones como Galileo y estudios posteriores, ha revolucionado nuestro enfoque hacia la búsqueda de vida extraterrestre. Se estima que el océano de Europa podría contener el doble del agua presente en toda la Tierra, lo que lo convierte en uno de los reservorios más grandes y misteriosos del sistema solar. La combinación de agua líquida, energía térmica y química derivada de las interacciones con el manto rocoso subyacente representa una condición ideal para la vida, al menos tal como la conocemos.

Estos ambientes extremos recuerdan mucho a las fumarolas hidrotermales terrestres, estructuras submarinas donde la vida prospera a pesar de la ausencia de luz solar. Un ejemplo de ello son las bacterias quimiosintéticas y los gusanos tubulares gigantes (Riftia pachyptila), que viven cerca de estos respiraderos submarinos, alimentándose de compuestos químicos ricos en azufre emitidos desde el fondo oceánico. Los organismos que viven en estos ecosistemas aprovechan la quimiosíntesis, un proceso que utiliza compuestos químicos para producir energía, un mecanismo que podría tener un análogo directo en las profundidades de Europa. Estudios recientes sugieren que el océano oculto de Europa podría interactuar químicamente con el núcleo rocoso de la luna, creando una abundancia de nutrientes esenciales para la vida.

Paralelismos con los océanos terrestres

Las similitudes entre Europa y la Tierra no se limitan a la presencia de agua. Los estudios sobre las capas de hielo terrestres, como las que cubren la Antártida, ofrecen modelos útiles para comprender el ambiente de Europa. El Lago Vostok, oculto bajo kilómetros de hielo antártico, representa un ejemplo perfecto: un ecosistema aislado durante millones de años, donde organismos extremófilos han desarrollado adaptaciones extraordinarias. Un descubrimiento particularmente relevante fue el de bacterias nunca antes observadas, encontradas en muestras de agua extraídas del lago. Estos organismos parecen haber desarrollado un metabolismo único para sobrevivir en condiciones de total aislamiento, proporcionando pistas sobre cómo la vida podría evolucionar en ambientes extraterrestres similares. La exploración del Lago Vostok ha proporcionado datos valiosos que ayudan a plantear cómo podrían sobrevivir posibles formas de vida bajo el hielo de Europa.

Otro punto de comparación está representado por las fumarolas hidrotermales en los fondos oceánicos. Estos respiraderos submarinos, ubicados en zonas de intensa actividad volcánica, emiten chorros de agua rica en minerales y calor geotérmico. En Europa, estructuras similares podrían existir en el fondo del océano, alimentando un ecosistema basado en fuentes químicas en lugar de luz solar. Estos ambientes terrestres proporcionan un ejemplo tangible de cómo la vida puede prosperar sin el apoyo directo de la fotosíntesis, ofreciendo una pauta importante para las misiones de exploración.

Las similitudes también se extienden a la dinámica de las superficies heladas. Las grietas y los penachos observados en Europa recuerdan los procesos activos que ocurren en las capas de hielo terrestres, como los géiseres que emergen a través de fisuras en el hielo. Estos penachos podrían transportar materiales orgánicos desde el océano subterráneo hasta la superficie, haciéndolos accesibles para el análisis por sondas espaciales.

Implicaciones para la vida extraterrestre

La idea de que Europa pueda albergar formas de vida,

incluso simples, es una de las más emocionantes en la investigación astrobiológica. Si los organismos extremófilos terrestres pueden prosperar en condiciones similares, es plausible que la vida haya evolucionado independientemente en Europa. El descubrimiento de una biosfera extraterrestre, incluso microscópica, tendría enormes implicaciones: demostraría que la vida no es un fenómeno raro en el universo y que los ambientes extremos podrían ser la norma, no la excepción.

Esta perspectiva también abre nuevos horizontes en la comprensión de los orígenes de la vida en la Tierra. Los ambientes extremos de Europa ofrecen un laboratorio natural para probar hipótesis sobre las primeras formas de vida. Estudios recientes sobre los microbios terrestres sugieren que los ambientes ricos en productos químicos, similares a los que se hipotetizan en Europa, podrían haber sido fundamentales para el desarrollo de las primeras células vivas. El eventual descubrimiento de organismos en Europa podría confirmar que la vida puede emerger en cualquier lugar donde existan condiciones favorables, incluso en ausencia de luz solar.

Misiones y perspectivas futuras

Las próximas misiones, como Europa Clipper de la NASA y el proyecto JUICE de la ESA, representan pasos cruciales para explorar directamente la superficie y el océano oculto de Europa. Europa Clipper utilizará instrumentos avanzados como espectrómetros, radares de penetración de hielo y cámaras de alta resolución para mapear la superficie y analizar la composición química, mientras que JUICE empleará magnetómetros y espectrómetros para estudiar la interacción entre el hielo y el ambiente magnético joviano, proporcionando detalles fundamentales sobre las dinámicas internas de la luna.

Además de recopilar datos químicos, las misiones analizarán las características geológicas de la superficie, en busca de puntos donde el océano podría ser más accesible. Los penachos de vapor de agua ofrecen una oportunidad única: podrían contener rastros de compuestos orgánicos o incluso pruebas directas de actividad biológica. Si estas misiones detectan moléculas orgánicas complejas o anomalías químicas indicativas de procesos vitales, el siguiente paso podría ser el envío de una sonda para perforar la corteza helada y acceder directamente al océano oculto.

De manera paralela, estas exploraciones proporcionarán datos útiles para estudiar otros mundos oceánicos en el sistema solar. Encelado, una de las lunas de Saturno, presenta características similares a las de Europa, incluyendo penachos de vapor de agua y un océano global. Las tecnologías y los conocimientos desarrollados para Europa podrían aplicarse para explorar estos ambientes, ampliando nuestra comprensión de la vida extraterrestre.

Conclusiones: un puente entre mundos

Europa representa un puente entre la ciencia terrestre y el sueño de descubrir vida fuera de nuestro planeta. Encierra una visión filosófica profunda: la idea de que el deseo de explorar y comprender el cosmos refleja nuestra eterna búsqueda de conexión con algo más grande. Su potencial biosfera nos desafía a reconsiderar el significado mismo de la vida, no solo como fenómeno biológico, sino también como símbolo de la interconexión universal. Europa nos recuerda que, en cada rincón del universo, podrían existir oportunidades para descubrir no solo nuevas formas de vida, sino también nuevas perspectivas sobre nuestro lugar en el universo. Este viaje de exploración no solo es científico, sino también profundamente humano, empujándonos a cuestionar los orígenes de la vida y el significado de la existencia misma en un cosmos vasto y misterioso.

CAPÍTULO 10: LAS CIVILIZACIONES PERDIDAS

EXCAVACIONES ARQUEOLÓGICAS Y RUINAS BAJO EL HIELO: ¿QUÉ SE PODRÍA ENCONTRAR?

La idea de que bajo los impenetrables hielos antárticos puedan esconderse restos de civilizaciones perdidas ha cautivado la imaginación de estudiosos y aficionados a los misterios durante décadas. Numerosos mitos, como los relacionados con la Atlántida o continentes sumergidos, han alimentado especulaciones sobre antiguas culturas que podrían haber dejado huellas indelebles en estas regiones. Algunos relatos históricos, como las hipótesis de Charles Hapgood sobre la Antártida templada, sugieren que el continente podría haber sido habitable antes de que se congelara. Aunque las teorías varían desde la pura especulación hasta las hipótesis basadas en observaciones científicas, los desarrollos tecnológicos recientes están abriendo nuevas posibilidades para explorar qué podría encontrarse realmente bajo este vasto continente helado. Con las tecnologías actuales, las hipótesis no solo persisten, sino que encuentran nuevos enfoques de reflexión gracias a pruebas indirectas y posibles anomalías detectadas.

Los desafíos de la excavación bajo el hielo

La Antártida está cubierta por una capa de hielo que alcanza en algunos puntos más de cuatro kilómetros de espesor. Esta inmensa barrera representa un desafío sin precedentes para cualquier intento de excavación arqueológica. Sin embargo, tecnologías como los radares de penetración de hielo y las imágenes satelitales de alta resolución están proporcionando mapas detallados de la topografía subyacente. Estos instrumentos ya han revelado la presencia de montañas, lagos subglaciares y vastas depresiones que podrían albergar estructuras antiguas enterradas. Por ejemplo, el Lago Vostok, uno de los ecosistemas subglaciares más grandes del planeta, fue identificado gracias a estas tecnologías. Este lago, oculto bajo kilómetros de hielo, es un ejemplo concreto de cómo la ciencia moderna puede descubrir ambientes únicos que podrían esconder secretos sorprendentes.

Uno de los instrumentos más prometedores es el radar de baja frecuencia, que permite detectar anomalías estructurales bajo el hielo. Este tipo de tecnología ha sido utilizado para identificar el Lago Vostok, uno de los ecosistemas subglaciares más grandes del planeta, y podría emplearse para identificar otras formaciones intrigantes, como posibles construcciones o capas sedimentarias que conserven rastros de actividad humana o natural. La combinación de perforaciones controladas y muestreos de sedimentos también ofrece oportunidades para descubrir huellas orgánicas o fósiles que podrían contar historias aún inimaginables.

¿Ruinas de civilizaciones o formaciones naturales?

La posibilidad de encontrar ruinas bajo los hielos no es completamente infundada. Los estudios paleoclimáticos han demostrado que hace millones de años, la Antártida era una región templada, cubierta de bosques y poblada por una variedad de formas de vida. Si se considera que civilizaciones como la egipcia o la sumeria surgieron a lo largo de ríos y en regiones favorables, es legítimo suponer que un continente tan exuberante como la Antártida prehistórica pudiera albergar asentamientos avanzados.

Algunos investigadores suponen que, si existieran ruinas bajo el hielo, podrían estar constituidas por materiales muy resistentes, como piedras o metales, capaces de sobrevivir durante milenios. Otros, más escépticos, sugieren que las formaciones que parecen estructuras en las imágenes radar podrían ser simplemente fenómenos geológicos, como antiguos lechos fluviales solidificados o formaciones volcánicas. Por ejemplo, algunas de las depresiones detectadas podrían haberse creado por antiguos flujos de lava que, al enfriarse, formaron estructuras similares a cúpulas o grietas. Un caso emblemático es el de las anomalías geomorfológicas encontradas en la Tierra de Wilkes, que muchos científicos atribuyen a procesos tectónicos más que a intervenciones humanas. Sin embargo, el entusiasmo crece con el descubrimiento de anomalías geométricas que parecen desviarse de formas puramente naturales.

Las implicaciones de los descubrimientos arqueológicos

El hallazgo de estructuras bajo los hielos de la Antártida reescribiría la historia de la humanidad y podría abrir nuevos horizontes en la comprensión de la prehistoria. Tal revelación tendría un impacto profundo en la comunidad académica y científica, estimulando nuevas investigaciones interdisciplinarias y alimentando debates sobre cómo estos descubrimientos podrían redefinir nuestras teorías sobre la evolución de las civilizaciones y las interacciones entre pueblos antiguos. Algunos sostienen que un hallazgo de este tipo podría confirmar la existencia de civilizaciones globales que precedieron a las conocidas. Estas civilizaciones hipotéticas podrían haber tenido conocimientos avanzados de navegación, agricultura y arquitectura, y su declive podría haber sido causado por eventos catastróficos como cambios climáticos o impactos cósmicos.

Otro aspecto intrigante es la idea de que estas ruinas puedan contener artefactos o inscripciones que proporcionen pistas sobre creencias antiguas, lenguas o tecnologías. Cualquier hallazgo podría tener un impacto profundo no solo en la historia, sino también en nuestra percepción del potencial humano y la resiliencia de las civilizaciones frente a catástrofes ambientales. Además, posibles descubrimientos podrían llevar a revoluciones en la manera en que interpretamos la difusión cultural y las conexiones entre los pueblos antiguos.

Especulaciones y teorías alternativas

Además de la investigación científica, la Antártida ha sido centro de numerosas teorías alternativas. Algunas hipótesis sostienen que el continente pudo haber sido el sitio de una civilización perdida tecnológicamente avanzada, tal vez relacionada con el mito de la Atlántida. Según estas teorías, la Antártida podría haber sido desplazada a su posición actual por un desplazamiento de la corteza terrestre, congelándose rápidamente y preservando sus vestigios bajo el hielo.

Las imágenes satelitales y las detecciones por radar han alimentado estas ideas, mostrando lo que parecen ser estructuras geométricas enterradas. Sin embargo, la comunidad científica sigue siendo escéptica, señalando que muchas de estas supuestas "estructuras" podrían ser el resultado de pareidolia, es decir, la tendencia humana a ver formas familiares en patrones aleatorios. Al mismo tiempo, los aficionados a los enigmas siguen explorando el potencial de estas anomalías, sosteniendo que incluso los escépticos deberían considerar las posibilidades.

Proyectos futuros y perspectivas

Las futuras misiones hacia la Antártida podrían proporcionar respuestas más claras. Proyectos como el uso de drones subglaciares y sondas perforadoras automatizadas están abriendo nuevas posibilidades para explorar las profundidades del continente. Los drones subglaciares, por ejemplo, están diseñados para navegar a través de lagos y cavidades bajo el hielo, recopilando datos detallados sobre sus características físicas y químicas. Las sondas perforadoras automatizadas, por su parte, emplean tecnologías avanzadas para penetrar capas de hielo que pueden tener varios kilómetros de grosor, permitiendo el análisis de muestras de sedimentos y biológicas en áreas previamente inalcanzables. Por ejemplo, la perforación controlada podría permitir alcanzar capas de hielo que datan de millones de años, ofreciendo una ventana al pasado del planeta. Herramientas avanzadas, como escáneres multispectrales y analizadores geoquímicos, podrían mejorar aún más la capacidad de detectar rastros biológicos y químicos únicos.

Además, el análisis de ADN antiguo recuperado de sedimentos subglaciares podría revelar información sobre la biodiversidad pasada y las condiciones climáticas que caracterizaron la Antártida antes de su glaciación. Estos datos también podrían proporcionar pistas sobre posibles interacciones humanas con el continente, si es que alguna vez las hubo. La posibilidad de utilizar robots miniaturizados para explorar lagos subglaciares representa un paso más hacia el descubrimiento de ecosistemas ocultos.

Conclusiones

La búsqueda de ruinas bajo los hielos de la Antártida no es solo una cuestión de curiosidad histórica, sino también un paso crucial para comprender mejor nuestro pasado y el potencial de las civilizaciones frente a los cambios globales. Cada nuevo descubrimiento no solo enriquece nuestro conocimiento, sino que también inspira nuevas preguntas: ¿quiénes éramos, qué hemos perdido y qué podríamos seguir descubriendo? A medida que la ciencia sigue proporcionando herramientas cada vez más avanzadas, el misterio sigue vivo, alimentado por la promesa de descubrimientos que podrían reescribir la historia de la humanidad y redefinir nuestro lugar en el mundo.

LA TEORÍA DE JONATHAN GRAY Y LAS RUINAS SEPULTADAS

Jonathan Gray, explorador, investigador y autor controvertido, es conocido por sus teorías que desafían los paradigmas académicos tradicionales. Entre las más discutidas se encuentra su afirmación de que antiguas civilizaciones tecnológicamente avanzadas dejaron huellas significativas bajo los hielos de la Antártida, basándose en mapas antiguos y anomalías detectadas mediante tecnologías modernas. Una de sus afirmaciones más sugestivas es la idea de que bajo los hielos de la Antártida puedan esconderse ruinas de civilizaciones antiguas avanzadas, vestigios de un pasado que la historia oficial habría ignorado o desestimado deliberadamente. Aunque muchas de sus ideas son consideradas especulativas o pseudocientíficas, continúan fascinando a un amplio público de entusiastas y curiosos de los misterios arqueológicos.

La premisa de la teoría

Según Gray, la Antártida no siempre fue un desierto inhóspito de hielo. Él sostiene que, en un pasado remoto, el continente estaba ubicado en una zona templada del planeta, con un clima favorable para el desarrollo de civilizaciones avanzadas. Esta hipótesis está parcialmente respaldada por estudios paleoclimáticos que demuestran cómo, hace millones de años, la Antártida estaba cubierta de bosques exuberantes y poblada por una rica biodiversidad. Los restos de antiguas plantas encontradas en diversas áreas del continente representan una pista tangible que respalda esta visión. Por ejemplo, los restos de plantas antiguas descubiertos en las Montañas Transantárticas sugieren que en su momento el clima era mucho más templado, haciendo del continente un ambiente propicio para flora y fauna. Gray sugiere que un cataclismo global, como un desplazamiento del eje terrestre o un evento cósmico, transformó radicalmente el clima del continente, sepultando bajo capas de hielo no solo su flora y fauna, sino también los rastros de una civilización humana avanzada. Entre los supuestos restos estarían ciudades, templos e infraestructuras que, si se descubrieran, reescribirían la historia conocida de la humanidad. Gray propone que tales civilizaciones pudieron haber desarrollado tecnologías sofisticadas para la navegación y la construcción, anticipando miles de años las capacidades de las culturas actualmente reconocidas.

Las pruebas y las controversias

Gray cita numerosas fuentes para respaldar su teoría, incluidos mapas antiguos, como el célebre mapa de Piri Reis de 1513, que parece representar una Antártida sin hielo. Según Gray, este y otros mapas similares demostrarían que civilizaciones antiguas poseían conocimientos geográficos y cartográficos avanzados, mucho antes de que la ciencia moderna pudiera confirmarlos. Él destaca que estos mapas podrían haber sido compilados utilizando fuentes aún más antiguas, procedentes de una civilización tecnológicamente avanzada.

Además, Gray hace referencia a supuestas anomalías detectadas mediante imágenes satelitales y radar de penetración de hielo. Estas anomalías, a menudo interpretadas por la comunidad científica como formaciones naturales, son consideradas por Gray como posibles ruinas de estructuras artificiales. Él señala que algunas de estas anomalías presentan formas geométricas que difícilmente podrían explicarse únicamente a través de procesos naturales. Entre ellas se incluyen depresiones que parecen indicar antiguas fundaciones o sistemas de drenaje complejos.

A pesar del atractivo de sus hipótesis, las pruebas presentadas por Gray han sido ampliamente criticadas por la comunidad académica. Por ejemplo, muchos estudiosos impugnan la interpretación del mapa de Piri Reis, sosteniendo que las supuestas representaciones de la Antártida son en realidad errores o adaptaciones basadas en mapas medievales, y no en conocimientos avanzados de civilizaciones perdidas. Los estudiosos subrayan que muchas de sus interpretaciones se basan en correlaciones débiles y carecen de pruebas empíricas sólidas. Además, el mapa de Piri Reis se cita a menudo fuera de contexto, ignorando las numerosas discrepancias con los conocimientos geográficos actuales. Algunos expertos creen que Gray tiende a sacar conclusiones definitivas de indicios que podrían tener explicaciones alternativas más plausibles.

La visión de Gray y su impacto cultural

Gray no se limita a proponer teorías arqueológicas, sino que vincula sus hipótesis a una visión más amplia del pasado humano. Según él, las civilizaciones perdidas como la que podría encontrarse bajo la Antártida habrían tenido acceso a tecnologías avanzadas, tal vez incluso superiores a las modernas. Él hipotetiza que conocimientos tecnológicos y espirituales se perdieron debido a eventos catastróficos, dejando solo huellas fragmentarias en la historia y en los mitos. Para Gray, estos eventos no representan solo una pérdida tecnológica, sino también una lección sobre cómo las civilizaciones pueden ser vulnerables a los cambios ambientales y cósmicos.

Esta visión ha encontrado terreno fértil en la cultura popular, influyendo en libros, documentales y obras de ficción. Por ejemplo, la novela *Atlantis Rising* de Clive Cussler y el documental *Ancient Aliens* han explorado temas similares, contribuyendo a mantener viva la fascinación por las civilizaciones perdidas y los misterios de la Antártida. Las ideas de Gray resuenan en las teorías sobre la Atlántida y otras civilizaciones míticas, alimentando la imaginación colectiva sobre un pasado misterioso e inalcanzable. Aunque muchas de sus afirmaciones se consideran pseudociencia, su trabajo sigue estimulando discusiones y atrayendo a un amplio público de aficionados a los enigmas históricos. Películas y series de televisión a menudo exploran temas similares, reforzando el interés del gran público por estos temas.

Exploraciones futuras y posibles confirmaciones

Con el avance de las tecnologías de exploración, algunas de las hipótesis de Gray podrían someterse a verificaciones más rigurosas. Por ejemplo, el uso de drones subglaciares y radares avanzados podría proporcionar datos más detallados sobre las anomalías detectadas bajo el hielo. Además, las perforaciones dirigidas podrían permitir la obtención de muestras que podrían confirmar o desmentir la existencia de estructuras artificiales. Proyectos recientes de exploración, como los realizados en lagos subglaciares, ya están demostrando la viabilidad de estudios profundos en ambientes extremos.

Si bien la comunidad científica sigue siendo escéptica, la Antártida sigue siendo una frontera inexplorada. Cada nuevo descubrimiento, ya sea confirmación o refutación de las teorías de Gray, contribuye a enriquecer nuestra comprensión del pasado del planeta. Por ejemplo, un descubrimiento concreto de estructuras artificiales bajo el hielo no solo revolucionaría la historia de la humanidad, sino que también podría catalizar un nuevo interés global por la exploración científica de la Antártida, influenciando la narrativa académica e impulsando colaboraciones internacionales para desvelar más secretos. El misterio de un continente oculto bajo el hielo, con sus secretos aún por desvelar, sigue siendo una fuente inagotable de inspiración para científicos, escritores y visionarios. Los futuros avances tecnológicos podrían incluir el uso de escáneres multispectrales y sensores biológicos avanzados, capaces de detectar rastros de vida o artefactos con una precisión sin precedentes.

Conclusiones

La teoría de Jonathan Gray sobre las ruinas sepultadas bajo la Antártida representa un desafío intrigante a los límites del conocimiento histórico y científico. Aunque sus afirmaciones sean a menudo criticadas por la falta de pruebas sólidas, siguen planteando preguntas fundamentales sobre nuestro pasado y sobre la posibilidad de descubrimientos futuros que podrían revolucionar la comprensión de la historia humana.

COMPARACIÓN CON OTRAS CIVILIZACIONES PERDIDAS: GOBEKLI TEPE, MOHENJO-DARO Y PUMA PUNKU

Las civilizaciones perdidas ejercen un fascinante atractivo, envueltas en un aura de misterio que alimenta preguntas y especulaciones. Entre los sitios más enigmáticos del planeta encontramos Gobekli Tepe en Turquía, Mohenjo-Daro en el valle del Indo y Puma Punku en Bolivia. Cada uno de estos lugares representa una pieza clave en el rompecabezas de la historia antigua, revelando sorprendentes aspectos de las capacidades tecnológicas y espirituales de las civilizaciones que los crearon. Sus características únicas continúan estimulando el debate académico y la imaginación popular, ofreciendo nuevas perspectivas sobre la naturaleza y la evolución de la sociedad humana. Cada uno de estos lugares encierra particularidades que desafían la comprensión moderna, abriendo interrogantes sobre las capacidades tecnológicas y culturales de los pueblos que los construyeron. Un análisis comparativo con las posibles civilizaciones enterradas bajo los hielos de la Antártida puede revelar paralelismos intrigantes y ofrecer una base para nuevas reflexiones. A través de un examen detallado, es posible trazar sorprendentes conexiones que iluminan las complejidades de las culturas antiguas.

Gobekli Tepe: La cuna de una civilización avanzada

Ubicado en la moderna Turquía, Gobekli Tepe es considerado el complejo megalítico más antiguo conocido, con una antigüedad de unos 12,000 años. Sus estructuras monumentales, compuestas por columnas en forma de T, decoradas con representaciones de animales y símbolos enigmáticos, atestiguan una sociedad sorprendentemente sofisticada para la época prehistórica. Lo que hace a Gobekli Tepe particularmente misterioso es el hecho de que fue construido por comunidades de cazadores-recolectores, mucho antes de la llegada de la agricultura. Este sitio desafía las teorías tradicionales sobre la evolución de las civilizaciones y plantea preguntas sobre los conocimientos tecnológicos y espirituales de estos antiguos constructores. Las técnicas utilizadas en la construcción de Gobekli Tepe sugieren un dominio tecnológico que va mucho más allá de las capacidades atribuidas normalmente a los cazadores-recolectores. Por ejemplo, las columnas monolíticas fueron esculpidas y posicionadas con una precisión sorprendente, muchas de las cuales tienen grabados intrincados de animales y símbolos que podrían representar un sistema simbólico o religioso primitivo. La capacidad de erigir estructuras tan imponentes sin la ayuda de herramientas metálicas o vehículos de transporte sigue siendo un misterio fascinante. La disposición geométrica de las columnas refleja un conocimiento avanzado de la arquitectura y el arte. De manera similar, la idea de una civilización avanzada enterrada bajo la Antártida podría representar una realidad que precede las cronologías históricas actualmente aceptadas. Las tecnologías empleadas para construir Gobekli Tepe podrían tener un paralelo con aquellas hipotetizadas para las misteriosas estructuras bajo los hielos, sugiriendo que los pueblos antiguos poseían capacidades avanzadas independientemente del contexto geográfico.

Mohenjo-Daro: La ciudad planificada del Valle del Indo

Mohenjo-Daro, ubicada en el actual Pakistán, data de hace

unos 4,500 años y es una de las ciudades mejor conservadas de la antigua civilización del Valle del Indo. Lo que más destaca es el nivel de planificación urbanística, con un sistema complejo de drenaje, calles bien trazadas y una disposición ordenada de los edificios. Esta ciudad representa un ejemplo de organización social y tecnológica avanzada, capaz de responder a las necesidades de una población numerosa y estructurada.

Las calles de Mohenjo-Daro eran amplias y bien definidas, mientras que las viviendas contaban con sistemas de recogida de aguas residuales, un elemento raro para la época. Estos sistemas no solo garantizaban mejores condiciones higiénicas, sino que también ayudaban a prevenir la propagación de enfermedades, mejorando significativamente la calidad de vida de los habitantes. La eficiencia del drenaje es un testimonio de una comprensión sofisticada de las necesidades urbanas, lo que probablemente sentó las bases para el bienestar de una población organizada. Este nivel de infraestructura sugiere un profundo conocimiento de las necesidades urbanas y de los recursos disponibles. Las presuntas ciudades bajo los hielos de la Antártida, según las hipótesis especulativas, podrían haber presentado una planificación igualmente avanzada. Al igual que Mohenjo-Daro, estas ciudades podrían haber sido diseñadas para resistir los desafíos ambientales y climáticos, demostrando una comprensión de los recursos naturales y las tecnologías disponibles. La posibilidad de que estas civilizaciones hayan desarrollado sistemas urbanos complejos lleva a suponer que el ingenio humano pudo haber alcanzado niveles extraordinarios en épocas remotas.

Puma Punku: El enigmático complejo de los Andes

Puma Punku, parte del sitio arqueológico de Tiwanaku en Bolivia, es famoso por sus piedras megalíticas finamente trabajadas, algunas de las cuales pesan decenas de toneladas. Las técnicas utilizadas para cortar y encajar estas piedras, con una precisión milimétrica, siguen siendo un misterio. Los ángulos perfectos y las superficies lisas han llevado a muchos a suponer el uso de tecnologías avanzadas, tal vez incluso desconocidas para la ciencia moderna. Además, Puma Punku está asociado con leyendas que hablan de seres celestiales que habrían ayudado en la construcción. Las piedras de Puma Punku presentan características únicas, como ranuras perfectas y agujeros simétricos que parecen haber sido creados con herramientas de precisión. Algunos estudiosos han supuesto que estas características podrían ser el resultado de herramientas avanzadas, como taladros rotativos o herramientas diamantadas, que habrían sido sorprendentes para la época. Estas teorías, aunque controvertidas, sugieren que los constructores de Puma Punku podrían haber tenido acceso a tecnologías mucho más allá de las comúnmente atribuidas a las antiguas civilizaciones andinas. Estos detalles llevan a cuestionarse sobre la naturaleza de las tecnologías disponibles en esa época. La comparación con las civilizaciones perdidas de la Antártida es inevitable: ambas evocan la idea de conocimientos antiguos que superan las capacidades atribuidas a los pueblos primitivos. Si tales tecnologías avanzadas fueran descubiertas bajo los hielos, Puma Punku podría proporcionar un precedente arqueológico para comprender las metodologías y los objetivos de estas estructuras misteriosas. La posibilidad de descubrir estructuras similares en la Antártida abre escenarios fascinantes para la arqueología futura.

Paralelismos y preguntas

Cada uno de estos sitios plantea preguntas fundamentales sobre la naturaleza de las civilizaciones antiguas y sus capacidades tecnológicas. Gobekli Tepe nos impulsa a reconsiderar los tiempos de la civilización humana, Mohenjo-Daro pone de relieve la organización y la planificación urbana, mientras que Puma Punku desafía las explicaciones convencionales sobre las tecnologías de trabajo de la piedra. Si las hipótesis sobre las estructuras enterradas en la Antártida se confirmaran, podrían redefinir nuestro concepto de progreso e innovación en la antigüedad. Un elemento común en estos sitios es la presencia de narrativas mitológicas y leyendas que atribuyen su construcción a seres sobrenaturales o a civilizaciones perdidas. Esto plantea interrogantes sobre cuánto de nuestro pasado está realmente documentado y cuánto, en cambio, está oculto bajo una capa de mitos e interpretaciones incompletas. La Antártida, con su manto de hielo que preserva secretos insondables, podría representar la próxima gran frontera para la arqueología y la historia. Las nuevas tecnologías, como los radares de penetración de hielo y los drones subglaciares, podrían revelar detalles hasta ahora inaccesibles. Por ejemplo, gracias a un reciente uso de los radares de penetración de hielo, los científicos han descubierto vastos sistemas de lagos subglaciares en la Antártida, algunos de los cuales albergan formas de vida microbiana extremadamente resistentes. Estos descubrimientos no solo amplían nuestro conocimiento de los ecosistemas extremos, sino que también proporcionan pistas fundamentales para la búsqueda de vida extraterrestre en entornos análogos en otros planetas.

Conclusiones

La comparación entre Gobekli Tepe, Mohenjo-Daro, Puma Punku y las posibles civilizaciones de la Antártida no solo estimula la imaginación, sino que nos invita a explorar con mente abierta los límites del conocimiento humano. Cada nuevo descubrimiento, en cualquier parte del mundo, tiene el potencial de revelar conexiones sorprendentes y ampliar nuestra comprensión de la historia antigua. Las similitudes entre estos sitios sugieren que, a pesar de las distancias temporales y geográficas, las civilizaciones humanas compartieron aspiraciones y un ingenio extraordinarios. La investigación continua en estos sitios enigmáticos podría proporcionar pistas cruciales para responder preguntas que han fascinado a la humanidad durante siglos: ¿quiénes somos, de dónde venimos y qué secretos del pasado aún esperan ser descubiertos? Además, el potencial de futuros descubrimientos en la Antártida podría representar un giro histórico, influyendo profundamente en la narrativa de nuestro pasado colectivo.

PARTE V: LA ANTÁRTIDA Y EL FUTURO DE LA HUMANIDAD

CAPÍTULO 11: EL CAMBIO CLIMÁTICO Y LA ANTÁRTIDA

La Antártida no es solo una región remota e inhóspita; es uno de los barómetros más sensibles del cambio climático global. Por ejemplo, el aumento de las temperaturas registrado en las últimas décadas provocó el colapso de la plataforma de hielo Larsen B en 2002, un evento que destacó la rapidez con que el cambio climático puede influir en esta región. Sus vastos glaciares y casquetes polares contienen una reserva de agua dulce que, si se liberara, podría reescribir los límites geográficos del mundo. Este continente helado actúa como un archivo histórico del clima terrestre, conservando información sobre los cambios climáticos pasados, y al mismo tiempo es un actor clave en las dinámicas climáticas actuales. En este capítulo, exploraremos los impactos de la fusión de los hielos antárticos en el nivel del mar, en el clima global y las implicaciones geopolíticas y ambientales para la humanidad.

La Fusión de los Hielos y el Nivel del Mar

En las últimas décadas, los datos científicos han señalado un aumento significativo de la velocidad de fusión de los glaciares antárticos. El casquete glaciar occidental, en particular, muestra signos de inestabilidad acelerada. Esta región es particularmente vulnerable debido a su ubicación sobre un sustrato rocoso sumergido, lo que facilita la entrada de agua oceánica caliente bajo los hielos. Este fenómeno, conocido como fusión basal, erosiona los hielos desde abajo, acelerando su colapso.

Los científicos estiman que, si todo el casquete glaciar occidental se derritiera, el nivel del mar global podría aumentar alrededor de tres metros. En comparación, la fusión completa de los glaciares de Groenlandia podría contribuir a un aumento adicional de unos siete metros, agravando significativamente las condiciones en las regiones costeras y haciendo aún más urgente una intervención global. Este fenómeno representaría una amenaza existencial para millones de personas que viven en regiones costeras densamente pobladas, incluidas metrópolis como Nueva York, Tokio y Mumbai. Las infraestructuras críticas situadas a lo largo de las costas, como puertos, centrales eléctricas y áreas industriales, se verían gravemente afectadas. Además, incluso una modesta fusión de los hielos podría provocar inundaciones más frecuentes y un aumento de los eventos climáticos extremos, como huracanes y tormentas tropicales más intensas.

Las islas bajas del Pacífico y del Océano Índico, como Maldivas y Tuvalu, corren el riesgo de desaparecer completamente, con consecuencias catastróficas para sus poblaciones. También la agricultura, que depende en gran medida de la estabilidad climática, podría verse gravemente afectada por la intrusión de agua salada en los acuíferos costeros, amenazando la seguridad alimentaria global.

Efectos en el Clima Global

La Antártida juega un papel crucial en la regulación del clima terrestre. Por ejemplo, sus interacciones con las corrientes oceánicas, como la Corriente Circumpolar Antártica, influyen en el transporte de calor y nutrientes en los océanos, contribuyendo a mantener el equilibrio climático global. Sus superficies heladas reflejan una gran cantidad de radiación solar al espacio, ayudando a mantener el planeta más fresco. Cuando los hielos se derriten, esta capacidad de reflexión, conocida como efecto albedo, disminuye, iniciando un ciclo de calentamiento acelerado. Este efecto amplifica el calentamiento global, llevando a más derretimiento de los hielos y a un aumento de las temperaturas a nivel planetario.

Otra consecuencia de la fusión de los hielos es la liberación de enormes cantidades de agua dulce en los océanos. Este proceso puede alterar las corrientes oceánicas globales, como la Corriente del Golfo y la circulación termohalina, afectando los patrones climáticos regionales y globales. Cambios de esta magnitud pueden llevar a inviernos más fríos en algunas áreas y olas de calor más intensas en otras, desestabilizando ecosistemas y sociedades humanas. Los efectos también se reflejan en las precipitaciones globales, con algunas regiones experimentando sequías prolongadas, mientras que otras sufren lluvias torrenciales e inundaciones repentinas.

Además, la liberación de metano atrapado bajo los hielos, un potente gas de efecto invernadero, podría acelerar aún más el calentamiento global. Este fenómeno podría desatar una espiral climática fuera de control, con impactos devastadores en los ecosistemas y la humanidad.

Implicaciones para el Futuro de la Humanidad

Las transformaciones que están ocurriendo en la Antártida no son fenómenos aislados; tienen repercusiones directas sobre la supervivencia y el bienestar de las sociedades humanas. Por ejemplo, la pesca ya se ha visto afectada por la reducción del kril, un elemento esencial en la cadena alimentaria marina, con consecuencias en la fauna marina y las comunidades que dependen de la pesca comercial. De igual manera, el aumento del nivel del mar está causando intrusiones de agua salada en los acuíferos, comprometiendo los cultivos agrícolas en diversas regiones costeras. La fusión de los hielos contribuye no solo al aumento del nivel del mar, sino también a la pérdida de hábitats para especies únicas que viven en la región, como los pingüinos emperadores, las focas de Weddell y el kril, que constituyen la base de la cadena alimentaria oceánica. La reducción de estas poblaciones puede tener repercusiones globales en los ecosistemas marinos. Además, los recursos almacenados bajo el hielo antártico, desde minerales raros hasta reservas de agua dulce, podrían convertirse en objeto de interés geopolítico a medida que el calentamiento global hace la región más accesible. Este escenario podría desatar nuevas tensiones internacionales y rivalidades por el control de los recursos naturales, añadiendo una capa adicional de complejidad al futuro de la humanidad. La región, hasta ahora protegida por tratados internacionales, podría convertirse en un nuevo campo de competencia entre las grandes potencias.

Las comunidades indígenas y costeras, ya vulnerables al cambio climático, se enfrentarían a desafíos sin precedentes. La pérdida de territorios, recursos naturales y biodiversidad podría desencadenar migraciones masivas, con implicaciones sociales y económicas globales. Además, el costo de las infraestructuras para adaptarse a un clima cambiante y mitigar los daños podría volverse insostenible para muchas naciones.

Conclusión

La Antártida no es solo un continente de hielo; es un pilar fundamental del equilibrio climático global. La velocidad con la que el cambio climático está transformando esta región requiere atención urgente y acciones concretas para mitigar los impactos. Entre las medidas posibles se encuentran la implementación de acuerdos internacionales más estrictos para reducir las emisiones de gases de efecto invernadero, el financiamiento de tecnologías innovadoras como sistemas de captura y almacenamiento de carbono, y el desarrollo de programas de monitoreo avanzados para seguir los cambios climáticos en tiempo real. Estas herramientas podrían mejorar la capacidad de respuesta global y ayudar a preservar el equilibrio climático. Proteger la Antártida significa proteger nuestro futuro, ya que su destino está indisolublemente ligado al destino de todo el planeta. El futuro de la humanidad depende de la capacidad de enfrentar estos desafíos con soluciones innovadoras y un compromiso colectivo hacia la sostenibilidad. Solo a través de una colaboración global será posible salvaguardar la Antártida y, con ella, el equilibrio vital de la Tierra.

POSIBLES DESCUBRIMIENTOS A MEDIDA QUE EL HIELO SE DERRITE

El derretimiento de los glaciares en la Antártida y en las regiones polares no solo representa una amenaza para el planeta, sino que también podría convertirse en una oportunidad sin precedentes para nuevos descubrimientos científicos. Con el progresivo retroceso de las capas de hielo, emergen territorios y formaciones geológicas que han permanecido ocultos durante millones de años, abriendo el camino a una serie de posibles hallazgos en los campos de la biología, la geología, la climatología e incluso la arqueología. Por ejemplo, el descubrimiento del Lago Vostok en la Antártida, un lago subglacial sellado durante más de 15 millones de años, ha revelado la existencia de microorganismos extremófilos que ofrecen nuevas perspectivas sobre la adaptación de la vida en condiciones extremas. Este fenómeno podría revolucionar nuestro conocimiento y redefinir nuestra relación con el planeta.

Ecosistemas Desconocidos

Uno de los posibles descubrimientos implica la revelación de ecosistemas aislados, atrapados durante miles o millones de años bajo el hielo. Los lagos subglaciales, como el Lago Vostok en la Antártida, podrían albergar formas de vida únicas, adaptadas a condiciones extremas de temperatura, presión y ausencia de luz. Hasta ahora, el Lago Vostok se ha estudiado mediante perforaciones controladas y análisis de las muestras de agua extraídas, lo que ha llevado al descubrimiento de microorganismos capaces de sobrevivir en un ambiente completamente aislado. Estos resultados iniciales ofrecen una visión fascinante de ecosistemas que podrían haber permanecido inalterados durante millones de años. Estos organismos podrían proporcionar pistas cruciales sobre el origen de la vida en la Tierra y sobre la posibilidad de vida extraterrestre en ambientes similares, como las lunas heladas de Europa y Encélado. Además, estos ecosistemas podrían contener microorganismos con aplicaciones biotecnológicas potenciales, como enzimas capaces de funcionar en condiciones extremas, útiles para la industria farmacéutica y química.

Otra implicación es el descubrimiento de nuevas cadenas alimenticias independientes de las superficiales, lo que nos permitiría comprender mejor las interacciones entre los organismos en ambientes extremos. Este conocimiento podría ampliar nuestras capacidades de adaptación a condiciones adversas, tanto en nuestro planeta como en otros mundos.

Fósiles y Restos de Civilizaciones Antiguas

El derretimiento de los glaciares también podría traer a la luz fósiles de plantas y animales de épocas en las que las regiones polares eran templadas. Estos restos podrían enriquecer nuestra comprensión de la evolución de la vida y los cambios climáticos ocurridos a lo largo de la historia de la Tierra. Por ejemplo, los fósiles de plantas prehistóricas como helechos gigantes o restos de animales marinos antiguos podrían ofrecer una ventana única a los ecosistemas que alguna vez prosperaron en las regiones polares. Los fósiles vegetales, por ejemplo, podrían proporcionar pistas sobre las especies que habitaban estas regiones y su adaptación a los climas pasados.

Además, algunos investigadores suponen que debajo de los glaciares antárticos podrían ocultarse restos de civilizaciones antiguas o prehistóricas, una idea que, aunque todavía especulativa, alimenta un vibrante debate científico y cultural. Algunos instrumentos o artefactos podrían emerger de capas glaciales profundas, revelando información sobre las primeras migraciones humanas o culturas desconocidas. Aunque estas hipótesis se consideran a menudo en el límite de la ciencia, representan un campo de exploración que podría dar lugar a descubrimientos inesperados.

Minerales Raros y Recursos Naturales

Con el retiro del hielo, podrían volverse accesibles yacimientos de minerales raros y otros recursos naturales. Estos materiales, esenciales para la tecnología moderna como la electrónica y las energías renovables, podrían abrir nuevas oportunidades económicas. Por ejemplo, el litio y las tierras raras, fundamentales para la producción de baterías y dispositivos electrónicos, podrían encontrarse en abundancia en estas áreas.

Sin embargo, la extracción de estos recursos plantea importantes cuestiones éticas y ambientales, considerando el impacto que podría tener en un ecosistema ya frágil. Un ejemplo significativo es la extracción minera en Groenlandia, donde la explotación de yacimientos de tierras raras ha causado daños ambientales considerables, incluidos la contaminación del agua y la pérdida de hábitats naturales. Este caso destaca los riesgos relacionados con el equilibrio entre el desarrollo económico y la conservación ambiental. El acceso a estos recursos también podría desencadenar competencias geopolíticas entre naciones, lo que haría necesarias nuevas regulaciones internacionales para evitar conflictos y daños ambientales irreparables. Un ejemplo es el Tratado Antártico, que podría tener que ser actualizado para abordar los nuevos desafíos relacionados con la explotación de recursos.

Nuevas Informaciones sobre el Clima Pasado

Los glaciares polares custodian un archivo detallado del clima terrestre, atrapando burbujas de aire y partículas que datan de cientos de miles de años. El derretimiento de los glaciares podría permitir a los científicos analizar capas más profundas y antiguas, ofreciendo nueva información sobre los ciclos climáticos del pasado. Estos datos podrían mejorar nuestra capacidad de predecir los cambios climáticos futuros y entender mejor las dinámicas que han llevado a eventos climáticos extremos.

Además, el análisis de isótopos y partículas orgánicas atrapadas en los glaciares podría revelar información sobre erupciones volcánicas pasadas, impactos de meteoritos y fluctuaciones de la actividad solar. Estos elementos proporcionan una visión más completa de los factores que han influido en el clima terrestre, mejorando nuestra capacidad de adaptarnos a los cambios futuros. Por ejemplo, comprender las condiciones que llevaron a períodos de glaciación podría ayudarnos a prevenir crisis climáticas globales.

Riesgos y Oportunidades

Mientras que el retiro de los glaciares ofrece una

oportunidad única para nuevos descubrimientos, no podemos ignorar los riesgos asociados con estos cambios. La fragilidad de los ecosistemas polares requiere un enfoque extremadamente cauteloso y respetuoso para evitar daños irreparables. Medidas específicas podrían incluir la adopción de tecnologías de bajo impacto ambiental para las exploraciones, como drones subglaciales diseñados para minimizar la interferencia con los hábitats naturales. Además, podrían establecerse protocolos internacionales más estrictos para regular el acceso a áreas vulnerables, acompañados de monitoreos ambientales constantes para evaluar los efectos de las actividades humanas. La colaboración entre científicos y gobiernos será esencial para garantizar un equilibrio entre la investigación y la conservación. Las exploraciones deben estar guiadas por un fuerte sentido de responsabilidad, equilibrando el deseo de conocimiento con la urgencia de proteger estos ambientes únicos.

Además, el acceso a nuevos recursos y territorios podría intensificar las tensiones internacionales, con el riesgo de conflictos y explotación indiscriminada. Una gestión sostenible y colaborativa será esencial para garantizar que las oportunidades derivadas de estos descubrimientos no comprometan la integridad de los ecosistemas.

Conclusión

El derretimiento de los glaciares es un fenómeno que plantea importantes preocupaciones, pero al mismo tiempo puede abrir una nueva frontera para la ciencia. Ecosistemas desconocidos, fósiles antiguos, recursos naturales y datos climáticos sin precedentes son solo algunos de los posibles descubrimientos que podrían emerger. Sin embargo, es fundamental abordar estas oportunidades con cautela, garantizando que la investigación científica no comprometa aún más la integridad de estos extraordinarios ambientes. La clave para un futuro sostenible será un equilibrio entre la exploración científica y la conservación ambiental, para asegurar que las riquezas ocultas bajo el hielo puedan beneficiar a la humanidad sin destruir la naturaleza que las guarda.

LOS DESAFÍOS ÉTICOS Y GEOPOLÍTICOS DE LAS FUTURAS EXPLORACIONES

Introducción

A medida que la tecnología avanza y el cambio climático hace accesibles áreas antes inaccesibles, como la Antártida y las regiones polares, surgen nuevas oportunidades para la exploración científica, la búsqueda de recursos y el descubrimiento de antiguos secretos enterrados bajo el hielo. Por ejemplo, el derretimiento de los glaciares ya ha permitido la apertura de nuevas rutas de navegación en el Ártico, como el Paso del Noroeste, que conecta Europa con Asia, y ha revelado yacimientos de recursos naturales previamente inaccesibles. Sin embargo, estas exploraciones conllevan una serie de desafíos éticos y geopolíticos que no pueden ser ignorados. La necesidad de equilibrar el progreso científico con la conservación ambiental y de prevenir tensiones internacionales es más urgente que nunca. En este capítulo, analizaremos los principales dilemas morales, las implicaciones geopolíticas y las posibles soluciones para abordar estos desafíos.

Ética de la Exploración

Conservación vs. Explotación

Una de las principales cuestiones éticas es cómo equilibrar el deseo de conocimiento con la necesidad de preservar la integridad ambiental. La exploración de áreas remotas como la Antártida puede llevar a descubrimientos científicos revolucionarios, pero estas mismas actividades pueden perturbar ecosistemas frágiles, comprometiendo hábitats únicos y especies raras.

Por ejemplo, algunas expediciones científicas han introducido involuntariamente especies invasoras, alterando los equilibrios naturales. Además, el aumento de las actividades humanas puede acelerar el derretimiento de los glaciares debido a las emisiones y al calor generado por las infraestructuras temporales. Medidas como la adopción de tecnologías de bajo impacto ambiental, regulaciones internacionales más estrictas y programas de monitoreo continuo pueden ayudar a reducir los riesgos. Por ejemplo, los drones subglaciares se han utilizado con éxito para explorar ecosistemas bajo el hielo sin alterar el entorno circundante, demostrando cómo las tecnologías avanzadas pueden integrarse de manera sostenible. Sin embargo, queda abierta la pregunta: ¿hasta qué punto podemos justificar las incursiones en estos ecosistemas?

Propiedad del Conocimiento

Otro aspecto ético es la distribución del conocimiento derivado de las exploraciones. ¿Deberían los descubrimientos realizados en las regiones polares ser patrimonio de la humanidad o deben ser utilizados exclusivamente por aquellos que los financian? Esta pregunta se vuelve especialmente relevante cuando los descubrimientos incluyen recursos naturales o tecnologías avanzadas que pueden favorecer a algunas naciones por encima de otras.

Un caso emblemático es el aislamiento de los datos científicos recogidos en algunas expediciones, que a menudo no se comparten con la comunidad internacional, limitando el progreso colectivo. La creación de bases de datos abiertas podría favorecer una mayor equidad en la distribución de los beneficios derivados de la investigación.

Implicaciones Geopolíticas

Control de los Recursos Naturales

El acceso a los recursos naturales ocultos bajo el hielo, como minerales raros, petróleo y gas natural, podría alimentar tensiones geopolíticas. Los países con tecnologías avanzadas y capacidad económica estarán en una posición privilegiada para aprovechar estos recursos, creando disparidades entre las naciones.

Un ejemplo significativo es el Tratado Antártico, que actualmente prohíbe la explotación de recursos naturales, pero que podría ser puesto en cuestión a medida que aumenten las presiones económicas. Por ejemplo, recientes tensiones entre algunas potencias mundiales, como China y Estados Unidos, han planteado preocupaciones sobre la posibilidad de explotar los recursos minerales en la Antártida, con algunas expediciones científicas que parecen tener como objetivo más la evaluación de recursos que la investigación pura. El riesgo es que algunos países decidan no respetar los acuerdos, iniciando actividades extractivas unilaterales. La revisión de tratados internacionales y la creación de nuevos acuerdos multilaterales será esencial para prevenir conflictos y garantizar una gestión justa y sostenible de los recursos.

Militarización de las Regiones Polares

Otro riesgo geopolítico es la posible militarización de las regiones polares. El control estratégico de estas áreas podría convertirse en un objetivo para algunas naciones, lo que aumentaría las tensiones internacionales. La presencia de bases científicas podría ser utilizada como cobertura para actividades militares, complicando aún más la situación. Por ejemplo, la competencia por el control de las rutas de navegación abiertas por el derretimiento de los glaciares ya está causando fricciones entre las principales potencias mundiales, como Rusia, China y Estados Unidos. Un ejemplo reciente son las disputas sobre el Paso del Noroeste y el Mar de Barents, donde el aumento del tráfico comercial ha intensificado las reclamaciones territoriales y los ejercicios militares en la región. Un refuerzo de las inspecciones internacionales y una mayor transparencia en los proyectos de exploración podrían ayudar a mitigar este riesgo, pero requieren una cooperación global sin precedentes.

Soluciones y Perspectivas Futuras

Gobernanza Global

Una de las claves para abordar estos desafíos es el desarrollo de una gobernanza global más robusta para las regiones polares. Nuevos acuerdos internacionales podrían incluir normas más estrictas para proteger el medio ambiente, regular el acceso a los recursos y promover la cooperación científica. Por ejemplo, la creación de un organismo internacional independiente podría encargarse de monitorear las actividades en las regiones polares, garantizando que todas las operaciones respeten altos estándares éticos y ambientales.

Otro aspecto crucial es la participación de las comunidades indígenas y locales en los procesos decisionales. Estos grupos, que a menudo tienen un vínculo directo con las regiones polares, pueden ofrecer perspectivas únicas y contribuir a garantizar que las políticas adoptadas sean sostenibles y respetuosas de las tradiciones culturales.

Educación y Concienciación

Un elemento crucial es la educación y la sensibilización del público sobre los desafíos éticos y geopolíticos de las exploraciones. Aumentar la conciencia sobre las consecuencias de las actividades humanas en las regiones polares puede ayudar a generar presión sobre los gobiernos y las organizaciones para adoptar prácticas más sostenibles. Las campañas globales, los documentales y los programas educativos pueden desempeñar un papel importante en la construcción de una conciencia colectiva más atenta a la protección de estas áreas. Un ejemplo significativo es el documental "Chasing Ice", que sensibilizó a millones de personas sobre el cambio climático mediante imágenes espectaculares de glaciares derritiéndose, contribuyendo a promover acciones concretas para su conservación. Además, la integración de estos temas en los programas escolares podría favorecer una nueva generación de líderes y ciudadanos conscientes de las implicaciones globales de las exploraciones polares.

Innovación Tecnológica

La innovación tecnológica puede jugar un papel fundamental en la reducción del impacto ambiental de las exploraciones. Los drones subglaciares, los sensores remotos avanzados y los materiales ecológicos pueden minimizar la perturbación a los ecosistemas y mejorar la eficiencia de las investigaciones. Invertir en tecnologías sostenibles es esencial para garantizar que los descubrimientos científicos no ocurran a expensas del medio ambiente.

Conclusión

Las futuras exploraciones de las regiones polares

representan una oportunidad extraordinaria para avanzar en el conocimiento científico y abrir nuevas fronteras de descubrimiento. Sin embargo, para garantizar que tales exploraciones sean sostenibles, éticas y beneficiosas para toda la humanidad, es fundamental abordar con seriedad los desafíos éticos, ambientales y geopolíticos. Solo con una gobernanza global eficaz, tecnologías innovadoras y una conciencia generalizada podremos esperar preservar el equilibrio frágil de estas regiones mientras exploramos su potencial.

CAPÍTULO 12: MITOS, REALIDAD Y EL FASCINANTE MISTERIO DE LO DESCONOCIDO

Introducción

La Antártida, el continente más remoto e inhóspito de la Tierra, siempre ha cautivado la imaginación humana. Su vasta extensión helada, el clima extremo y el acceso limitado han alimentado una serie de mitos, leyendas y teorías de conspiración que continúan circulando en nuestro imaginario colectivo. Pero, ¿qué hace que la Antártida sea tan fascinante y misteriosa? Este capítulo explora el atractivo de la Antártida, analizando las razones históricas, culturales y científicas que la convierten en un poderoso símbolo del misterio y lo desconocido.

La Antártida en la Mitología Moderna

Las teorías de conspiración más populares

Entre las teorías más populares relacionadas con la Antártida se encuentran las que la vinculan con civilizaciones perdidas, OVNIs y bases secretas. Una de las más conocidas es la hipótesis de que la mítica Atlántida está enterrada bajo el hielo, respaldada por algunas interpretaciones de textos antiguos y la presunta presencia de estructuras similares a pirámides observadas en imágenes satelitales. Además, se habla de una presunta base secreta nazi construida durante la Segunda Guerra Mundial, que sigue alimentando teorías sobre tecnologías avanzadas ocultas. Otros afirman que la Antártida alberga estructuras alienígenas o túneles subterráneos conectados a un presunto "mundo subterráneo" habitado. Aunque la ciencia ha desmentido muchas de estas teorías, siguen ejerciendo un atractivo irresistible gracias a su capacidad para evocar un sentido de asombro y desafiar nuestra comprensión de la historia y la geografía.

Orígenes de los mitos

Las raíces de estos mitos a menudo se encuentran en la escasez de información disponible sobre la Antártida y las dificultades de acceso al continente. Hasta el siglo XX, la mayor parte del mundo conocía la Antártida solo a través de relatos fragmentados y mapas imprecisos. La misteriosa "mapa de Piri Reis", por ejemplo, es un documento cartográfico del siglo XVI que representa partes del mundo con una sorprendente precisión para la época. Su inclusión de una presunta costa antártica sin hielo alimentó especulaciones sobre cómo las civilizaciones antiguas pudieron conocer el continente antes de su descubrimiento oficial, generando acalorados debates entre historiadores y teóricos del misterio.

Además, las condiciones extremas y la dificultad de exploración han contribuido a perpetuar un aura de inaccesibilidad y misterio. Expediciones como las de Ernest Shackleton y Robert Falcon Scott han añadido un elemento épico a la narrativa, convirtiendo a la Antártida en un símbolo de desafío y aventura.

Realidad y Maravillas Científicas

Descubrimientos extraordinarios

Aunque los mitos y teorías de conspiración suelen dominar

la narrativa popular, los descubrimientos científicos sobre la Antártida son igualmente fascinantes. Este continente guarda un archivo natural del clima terrestre, con glaciares que contienen burbujas de aire atrapadas que datan de millones de años, proporcionando información crucial sobre los cambios climáticos y la evolución atmosférica. Los lagos subglaciares, como el Lago Vostok, representan un capítulo extraordinario de esta historia. Situado a unos 4 kilómetros bajo la superficie helada, el Lago Vostok podría albergar formas de vida adaptadas a condiciones extremas, proporcionando pistas sobre las posibilidades de vida en otros planetas o lunas heladas, como Europa y Encelado. Los científicos también han descubierto meteoritos bien conservados en los glaciares antárticos, ofreciendo valiosas pistas sobre el origen de nuestro sistema solar y, potencialmente, sobre la formación de la vida misma. Un ejemplo significativo es el meteorito ALH84001, encontrado en 1984, que atrajo la atención mundial por la presencia de posibles rastros de vida microbiana marciana, convirtiéndolo en uno de los hallazgos más importantes y discutidos en la investigación espacial. En algunos casos, estos meteoritos contienen compuestos orgánicos que podrían explicar el origen de moléculas fundamentales para la vida.

Los desafíos de la investigación

Las dificultades logísticas y económicas asociadas con la investigación en la Antártida contribuyen al atractivo del continente. Solo una pequeña élite de científicos e investigadores tiene acceso directo a esta región, lo que alimenta aún más las teorías de conspiración. La escasez de información pública y la percepción de secretismo amplifican la idea de que la Antártida esconde verdades sorprendentes.

Al mismo tiempo, estas dificultades han dado lugar a colaboraciones internacionales sin precedentes. El Tratado Antártico, firmado en 1959, representa un raro ejemplo de cooperación global, obligando a los países firmantes a utilizar el continente exclusivamente para fines pacíficos y científicos. Estas colaboraciones han llevado a avances significativos en la comprensión del clima, la geología y la biodiversidad.

Por qué persiste el fascino

Símbolo de lo desconocido

La Antártida representa una de las últimas fronteras inexploradas del planeta, un símbolo de lo desconocido que sigue inspirando la imaginación. Su vastedad y aislamiento evocan un sentido de aventura y asombro que pocas otras regiones del mundo pueden ofrecer. En una época en la que la mayor parte del planeta ha sido cartografiada y estudiada, la Antártida sigue siendo una tierra de misterios inexplorados.

El simbolismo de la Antártida va más allá de la geografía. Representa la dualidad entre la naturaleza y la ciencia, entre lo que es visible y lo que está oculto. Esta dualidad continúa atrayendo no solo a exploradores y científicos, sino también a artistas, escritores y filósofos.

El papel de los medios y la cultura popular

Películas, libros y documentales han jugado un papel crucial en mantener vivo el fascino de la Antártida. Además de clásicos como "La Cosa del Otro Mundo" y "En los Montes de la Locura" de H.P. Lovecraft, títulos recientes como el documental "Antarctica: A Year on Ice" y la serie "Our Planet" han contribuido a mostrar las extraordinarias bellezas y desafíos de esta región única. Estos relatos, a menudo enriquecidos con detalles científicos o pseudocientíficos, convierten al continente en un lienzo ideal para explorar temas universales como el miedo a lo desconocido y el deseo de descubrimiento.

Los medios modernos, a través de documentales y especiales televisivos, continúan presentando al continente como una frontera remota y fascinante. Series como "Frozen Planet" han mostrado la impresionante belleza del paisaje antártico, sensibilizando al público sobre la necesidad de preservar esta región única. A través de imágenes espectaculares y narrativas envolventes, estas series han contribuido a sacar a la luz la urgencia de enfrentar el cambio climático y la pérdida de biodiversidad, influyendo positivamente en el debate público e inspirando iniciativas de conservación a nivel global.

Conclusión

La Antártida es mucho más que una vasta extensión de hielo: es un lugar donde el mito y la realidad se entrelazan, creando un atractivo atemporal. Aunque la ciencia ha desacreditado muchas leyendas, el continente sigue inspirando historias y teorías que alimentan nuestra curiosidad. En un mundo cada vez más explorado y documentado, la Antártida nos recuerda que todavía hay espacio para el misterio y la aventura. Es precisamente esta dualidad, entre lo que conocemos y lo que queda por descubrir, lo que hace de la Antártida una fuente inagotable

de inspiración y un símbolo eterno del fascinante misterio
de lo desconocido.

LA LÍNEA DELGADA ENTRE CIENCIA Y ESPECULACIÓN: ¿QUÉ NOS ENSEÑAN ESTAS HISTORIAS?

Introducción

La curiosidad humana es una fuerza poderosa, capaz de alimentar descubrimientos científicos extraordinarios, pero también de generar teorías especulativas que desafían la lógica y lo racional. En ningún lugar esta tensión entre ciencia y especulación es más evidente que en la Antártida, un continente enigmático que se presta tanto a investigaciones científicas de importancia crucial como a mitos fascinantes y teorías conspirativas. Su inaccesibilidad, las condiciones extremas y el sentido de misterio que rodea sus tierras heladas han creado un terreno fértil para un diálogo en constante evolución entre la ciencia y la imaginación. Pero, ¿qué nos enseñan estas historias? En este capítulo exploraremos cómo la línea delgada entre ciencia y especulación puede estimular el progreso, alimentar la imaginación y, al mismo tiempo, poner a prueba nuestra capacidad de discernimiento.

El rol de la ciencia

La investigación como faro de la verdad

La ciencia tiene la misión fundamental de explorar lo desconocido con método y rigor, proporcionando respuestas basadas en evidencias. La Antártida es un lugar donde esta misión se realiza de manera espectacular. Desde los estudios sobre el cambio climático hasta las investigaciones sobre los lagos subglaciares, cada descubrimiento contribuye a una comprensión más profunda de nuestro planeta y del universo. Los meteoritos encontrados en los glaciares, por ejemplo, no solo cuentan historias sobre nuestro sistema solar, sino que nos acercan a responder preguntas fundamentales sobre el origen de la vida. Además, el continente alberga archivos naturales que permiten reconstruir la historia del clima terrestre, proporcionando herramientas cruciales para comprender y enfrentar el cambio climático.

La importancia de la duda

Sin embargo, la ciencia no es inmune a los límites. Cada hipótesis debe ser probada y cada descubrimiento está sujeto a revisión. Este proceso de auto-corrección, aunque lento, garantiza que el conocimiento sea lo más preciso posible. La duda, por lo tanto, no es un defecto sino una virtud de la ciencia, un antídoto contra las certezas infundadas que a menudo alimentan la especulación. Incluso en la Antártida, algunos descubrimientos han requerido décadas para ser confirmados o interpretados correctamente, mostrando lo complejo y valioso que es el trabajo científico.

La fuerza de la especulación

La seducción del misterio

La especulación, por otro lado, prospera en los vacíos dejados por el conocimiento. Cuando los datos son escasos o las respuestas tardan en llegar, la imaginación se insinúa para llenar los vacíos. La Antártida, con su aislamiento y su vasta extensión inexplorada, es el terreno ideal para estas narrativas. Las teorías sobre la Atlántida, bases secretas y OVNIs no son solo historias: representan el deseo humano

de dar sentido a lo desconocido y de encontrar respuestas
donde la ciencia aún no ha podido. Estas historias, aunque a
menudo infundadas, son emblemáticas de nuestra sed de
descubrir y comprender lo que está oculto.

Riesgos y oportunidades

Aunque la especulación puede inspirar curiosidad y
creatividad, también conlleva el riesgo de la
desinformación. Cuando las teorías especulativas se
presentan como hechos, el límite entre la realidad y la
ficción se difumina, poniendo en peligro la confianza en la
ciencia y nuestra capacidad de abordar problemas reales
como el cambio climático. Sin embargo, si se canaliza de
manera responsable, la especulación puede estimular
nuevas preguntas científicas e incluso dirigir los esfuerzos
de investigación hacia territorios inexplorados. La
Antártida, en este sentido, es un ejemplo claro de cómo la
especulación puede ser tanto un obstáculo como una fuente
de inspiración.

Un diálogo necesario

El rol de los medios y la educación

Las historias que oscilan entre la ciencia y la especulación
no se desarrollan en el vacío: los medios de comunicación y
la educación juegan un papel crucial en cómo se perciben
estas narrativas. Documentales, artículos y obras de ficción
pueden ser herramientas poderosas para inspirar interés
científico, pero requieren un enfoque responsable para
evitar alimentar mitos infundados. Por ejemplo,
documentales como "Frozen Planet" y "Chasing Ice" han
mostrado las bellezas y fragilidades de la Antártida,

ayudando a sensibilizar al público sobre la importancia de la conservación ambiental. Al mismo tiempo, otras producciones más sensacionalistas han corrido el riesgo de confundir al público presentando teorías especulativas como verdades, demostrando lo delicado que es el rol de los medios en este equilibrio.

Cultivar el pensamiento crítico

Un diálogo productivo entre ciencia y especulación requiere ciudadanos capaces de pensamiento crítico. Educar a las personas para que distingan entre evidencias e hipótesis, entre datos verificados y narrativas cautivadoras, es fundamental para mantener un equilibrio entre curiosidad y discernimiento. Las historias que contamos, ya sean científicas o especulativas, deben servir como puentes hacia una comprensión más profunda del mundo, no como obstáculos. Las escuelas, universidades e instituciones culturales tienen la tarea de promover la alfabetización científica, proporcionando herramientas para analizar y evaluar la información de manera crítica.

Conclusión

La línea delgada entre ciencia y especulación no es un límite a evitar, sino un terreno fértil donde la curiosidad y el rigor pueden coexistir. La Antártida, con sus misterios y maravillas, nos recuerda que el viaje hacia el conocimiento está hecho tanto de respuestas como de preguntas. Y en este viaje, el verdadero progreso se logra cuando somos capaces de celebrar tanto la certeza de la ciencia como la imaginación de la especulación, sin perder de vista la necesidad de discernir entre ambas. En definitiva, el desafío no es eliminar la especulación, sino usarla como herramienta para inspirar nuevos descubrimientos y mantener vivo nuestro deseo de explorar lo desconocido.

UNA REFLEXIÓN SOBRE NUESTRA BÚSQUEDA DE LO DESCONOCIDO Y EL DESEO DE EXPLORAR LOS LÍMITES DEL CONOCIMIENTO

Introducción

La búsqueda de lo desconocido es una constante en la historia de la humanidad. Desde las primeras exploraciones geográficas hasta las incursiones más recientes en el espacio profundo, el deseo de superar los límites del conocimiento ha definido nuestro progreso. Este impulso hacia lo desconocido no es solo un acto de curiosidad, sino una manifestación de nuestro instinto más profundo: entender quiénes somos, de dónde venimos y cuál es nuestro lugar en el universo. Sin embargo, esta sed de conocimiento plantea preguntas fundamentales: ¿por qué estamos tan atraídos por lo desconocido? ¿Cuáles son las implicaciones de este deseo y qué riesgos y oportunidades conlleva? Reflexionar sobre estos interrogantes nos ayuda a entender no solo el pasado de nuestras exploraciones, sino también el futuro que queremos construir.

La Atracción por lo Desconocido

El encanto del misterio

Lo desconocido siempre ha evocado un sentido de maravilla y temor. De niños, nuestra curiosidad natural nos empuja a explorar el mundo que nos rodea. De adultos, esta curiosidad evoluciona, convirtiéndose en una búsqueda más estructurada y consciente. Lo desconocido representa aquello que aún no podemos explicar, un desafío intelectual que nos impulsa a superar los límites de nuestra comprensión. Esta atracción por el misterio está en la base de muchos de nuestros más grandes descubrimientos, desde el fuego hasta la teoría de la relatividad. A través del misterio, la humanidad encuentra nuevas razones para cuestionarse y avanzar más allá de barreras aparentemente insuperables.

Sin embargo, el encanto del misterio no se limita al individuo. Sociedades enteras se han unido alrededor de la voluntad de explorar lo que no conocían, como lo demuestran las grandes expediciones marítimas de la Edad de los Descubrimientos o las misiones espaciales del siglo XX. Cada generación hereda una porción de misterios no resueltos, alimentando un ciclo continuo de preguntas y respuestas.

Un viaje hacia lo infinito

La búsqueda de lo desconocido es también un viaje simbólico. Cada paso hacia el descubrimiento de nuevos territorios, ya sean físicos o conceptuales, representa un avance no solo científico sino también humano. Pensemos en las exploraciones polares, los viajes espaciales o la descodificación del genoma humano: cada una de estas hazañas ha ampliado los límites de nuestro conocimiento y nos ha proporcionado nuevas perspectivas sobre nosotros mismos y nuestro planeta. Este viaje hacia lo infinito, sin embargo, no es lineal. Está marcado por momentos de extraordinaria iluminación y períodos de estancamiento, reflejando la complejidad del mismo desconocido.

Cada exploración simbólica se convierte en una oportunidad para reflexionar sobre la naturaleza humana. ¿Por qué deseamos conocer el universo? ¿Qué nos impulsa a arriesgar nuestras vidas para llegar a lo desconocido? Estas preguntas revelan que el viaje hacia lo infinito es, en última instancia, un intento de dar sentido a nuestra existencia.

Los Límites del Conocimiento

Los desafíos de la exploración

Sin embargo, cada exploración conlleva desafíos. Lo desconocido es, por definición, incierto y, a menudo, peligroso. Las primeras expediciones a la Antártida, por ejemplo, pusieron a prueba los límites físicos y mentales de los exploradores, llevándolos a enfrentarse a condiciones extremas y riesgos mortales. De manera similar, las misiones espaciales enfrentan el riesgo de lo desconocido con tecnologías avanzadas, pero nunca completamente exentas de márgenes de error. Lo desconocido se presenta como un territorio lleno de posibilidades, pero también de trampas que requieren preparación, resiliencia y adaptabilidad.

La evolución de las tecnologías ha hecho que muchos de estos desafíos sean más manejables, pero también ha planteado nuevas preguntas. Por ejemplo, la inteligencia artificial y la robótica están redefiniendo la forma en que exploramos el mundo, pero nos preguntamos cuáles son los límites éticos de estas innovaciones. Cada paso hacia adelante en la exploración revela nuevos límites, llevándonos a redefinir continuamente nuestra relación con el misterio.

Las implicaciones éticas

Explorar lo desconocido también plantea cuestiones éticas. ¿Cuál es el precio que estamos dispuestos a pagar por el conocimiento? La extracción de recursos en ambientes vírgenes o el uso de animales y organismos vivos para la investigación científica son solo algunos de los ejemplos que destacan los dilemas morales relacionados con nuestro deseo de saber. Además, el acceso a nuevos conocimientos no siempre es equitativo, planteando interrogantes sobre quién se beneficia realmente de los descubrimientos. Esta desigualdad en la distribución de los conocimientos puede agudizar las divisiones sociales y geopolíticas.

Las implicaciones éticas no solo conciernen al presente. Las decisiones que tomamos al explorar lo desconocido tendrán consecuencias para las generaciones futuras. ¿Cómo garantizar que los descubrimientos no se utilicen con fines destructivos? ¿Cómo preservar la biodiversidad y los ecosistemas en un mundo donde la investigación se vuelve cada vez más intensa? Responder a estas preguntas requiere no solo competencias científicas, sino también una visión ética que tenga en cuenta el bien común.

Oportunidades y Riesgos

El descubrimiento como motor del progreso

A pesar de los desafíos, la búsqueda de lo desconocido ha llevado a avances extraordinarios. Los descubrimientos científicos y tecnológicos han mejorado la calidad de vida de formas impensables solo hace unos pocos siglos. La medicina, la ingeniería y la astronomía son solo algunos de los campos que se han beneficiado de este incesante deseo de explorar. Cada nuevo conocimiento genera oportunidades para resolver problemas, crear innovaciones y construir un futuro más sostenible. Las innovaciones inspiradas por lo desconocido a menudo tienen efectos en cadena, influyendo en sectores que inicialmente parecían no estar relacionados.

Por ejemplo, la tecnología desarrollada para las misiones espaciales ha encontrado aplicaciones en la medicina, la ingeniería civil e incluso en la producción de alimentos. Lo desconocido, por tanto, no es solo un objetivo, sino un catalizador de innovaciones que transforman nuestra forma de vivir.

Los riesgos de la arrogancia

Sin embargo, el deseo de conocer no está exento de riesgos. La arrogancia humana al creer que podemos controlar lo desconocido ha llevado a consecuencias desastrosas en ocasiones. Pensemos en los efectos secundarios de las tecnologías no reguladas, como las armas nucleares o la inteligencia artificial. Lo desconocido requiere humildad y respeto, cualidades que deben guiar nuestro enfoque hacia el descubrimiento. Solo reconociendo nuestros límites podemos evitar convertir las oportunidades en peligros.

La arrogancia no solo se manifiesta en las tecnologías, sino también en la creencia de que la humanidad tiene el derecho de explorar y explotar todos los recursos disponibles. Esta actitud ya ha llevado a la destrucción de ambientes naturales y a la pérdida de biodiversidad, planteando dudas sobre nuestro papel como custodios del planeta.

El Futuro de la Investigación

Hacia nuevos horizontes

El futuro de la exploración está lleno de promesas. Desde las misiones hacia Marte hasta la búsqueda de vida en lunas como Europa y Encélado, la humanidad se prepara para superar nuevos límites. Al mismo tiempo, la exploración del microcosmos, como el mundo cuántico o nuestro propio cerebro, ofrece perspectivas igualmente fascinantes. Cada nuevo horizonte es una invitación a ir más allá de los límites de nuestra comprensión. Pero estos nuevos horizontes requieren no solo tecnologías avanzadas, sino también una renovada capacidad de colaboración internacional e interdisciplinaria.

El descubrimiento de vida extraterrestre, por ejemplo, podría redefinir completamente nuestra comprensión del universo y de nuestro lugar en él. Al mismo tiempo, las exploraciones de las profundidades oceánicas continúan revelando ecosistemas desconocidos que nos recuerdan cuán inexplorado sigue siendo nuestro propio planeta.

Una responsabilidad colectiva

A medida que nos aventuramos más lejos, se vuelve fundamental abordar nuestros descubrimientos con responsabilidad. El conocimiento es una herramienta poderosa que puede ser utilizada para el bien común o con fines egoístas. Es responsabilidad de cada generación garantizar que los descubrimientos se compartan de manera equitativa y se utilicen para promover la sostenibilidad y el bienestar global. Esto requiere no solo políticas claras, sino también un cambio cultural que valore la colaboración y el respeto por lo desconocido.

Conclusión

La búsqueda de lo desconocido es uno de los aspectos más fascinantes y distintivos de la humanidad. Es un viaje que nos empuja a enfrentarnos a nuestros límites, a imaginar posibilidades más allá del horizonte y a construir un futuro basado en el conocimiento y la conciencia. Pero también es un llamado a la prudencia, la ética y la responsabilidad. Explorar los límites del conocimiento significa no solo buscar respuestas, sino también reconocer la importancia de las preguntas y reflexiones que nos guían en el camino. Cada paso hacia lo desconocido es un acto de fe en el potencial humano, una invitación a seguir soñando, descubriendo y creciendo juntos.

APÉNDICES

CRONOLOGÍA DE LOS DESCUBRIMIENTOS ANTÁRTICOS: DESDE LAS PRIMERAS EXPEDICIONES HASTA HOY

Las Primeras Exploraciones

- **1773**: El capitán James Cook atraviesa el Círculo Polar Antártico, documentando los hielos marinos y señalando la imposibilidad de acercarse al continente.
- **1819-1820**: Fabian Gottlieb von Bellingshausen y Mikhail Lazarev, exploradores rusos, avistan por primera vez el continente antártico.
- **1821**: John Davis, un cazador de focas, reclama el primer desembarco en tierra antártica, aunque esta reclamación es cuestionada.

Expediciones del Siglo XIX

- **1838-1842**: La Expedición Wilkes de los Estados Unidos, dirigida por Charles Wilkes, explora amplias áreas de la costa antártica, contribuyendo a mapear parte del continente.
- **1839-1843**: Sir James Clark Ross dirige una expedición británica que descubre la plataforma de hielo Ross y los volcanes Erebus y Terror.
- **1897-1899**: La Expedición Bélgica, dirigida por Adrien de Gerlache, se convierte en la primera expedición en pasar el invierno en el continente antártico, marcando un paso crucial en la investigación científica.

La Era Heroica (1901-1922)

- **1901-1904**: La Expedición Discovery, dirigida por Robert Falcon Scott, explora la región de la plataforma de hielo Ross y alcanza latitudes nunca exploradas antes.
- **1907-1909**: Ernest Shackleton dirige la Expedición Nimrod, acercándose al Polo Sur y escalando por primera vez el Monte Erebus.
- **1911**: Roald Amundsen se convierte en el primer hombre en llegar al Polo Sur, superando a la expedición rival de Robert Falcon Scott.
- **1912**: La trágica expedición de Scott al Polo Sur culmina con la muerte del líder y su equipo, pero conduce a importantes descubrimientos científicos.
- **1914-1917**: La Expedición Endurance de Shackleton enfrenta un naufragio épico, pero demuestra extraordinarias capacidades de supervivencia y liderazgo.

Expansión de la Investigación Científica (1920-1950)

- **1928**: Sir Hubert Wilkins y Carl Ben Eielson realizan el primer vuelo aéreo sobre la Antártida.
- **1935**: Lincoln Ellsworth completa el primer vuelo transcontinental a través de la Antártida.
- **1947**: La Operación Highjump, dirigida por la Armada de los Estados Unidos, se convierte en una de las mayores expediciones científicas, con objetivos militares y de exploración.

La Era Moderna de la Antártida (1950-Hoy)

- **1957-1958**: El Año Geofísico Internacional ve una

cooperación global sin precedentes, con la instalación de estaciones de investigación en todo el continente.

- **1959**: Se firma el Tratado Antártico, que establece el continente como una zona dedicada a la paz y la investigación científica.
- **1983**: Se descubre el agujero en la capa de ozono sobre la Antártida, llevando a iniciativas globales para proteger la atmósfera terrestre.
- **2000**: El Lago Vostok, un lago subglacial atrapado bajo 4 kilómetros de hielo, es perforado parcialmente para estudiar ecosistemas antiguos.
- **2016**: La plataforma de hielo Larsen C sufre un colapso parcial, destacando los efectos del cambio climático sobre el continente.
- **2020**: Se registra una temperatura récord de 20,75 °C en la Península Antártica, lo que lleva a nuevas urgencias en la investigación climática.

Conclusión

La cronología de los descubrimientos antárticos refleja no solo la progresiva exploración de un territorio remoto, sino también la evolución del conocimiento científico y la cooperación internacional. Cada era ha traído consigo nuevos desafíos y oportunidades, contribuyendo a hacer de la Antártida no solo un símbolo de misterio, sino también un laboratorio único para el futuro de la Tierra.

MITOLOGÍAS Y TEORÍAS DE LA CONSPIRACIÓN: UN ENCUENTRO ENTRE LAS PRINCIPALES IDEAS ESPECULATIVAS

Introducción

La Antártida, el continente más remoto e inhóspito de la Tierra, siempre ha ejercido una fascinación única sobre la imaginación colectiva. Su vastedad congelada, la escasez de información y la dificultad de acceso no solo han alimentado el progreso científico, sino también una flor de mitos y teorías conspirativas. Estas ideas especulativas van desde civilizaciones antiguas enterradas bajo los hielos hasta bases secretas, e incluso supuestos contactos extraterrestres. A través de un análisis detallado, podemos comprender cómo nacieron estas teorías, por qué persisten en el imaginario colectivo y cuál es su impacto cultural. En este capítulo, analizaremos las principales teorías especulativas, comparándolas con las evidencias científicas para evaluar las razones de su persistencia y su duradero atractivo.

Las Principales Ideas Especulativas

Atlántida y Civilizaciones Perdidas

Una de las teorías más fascinantes conecta la Antártida con la mítica Atlántida. Según algunos teóricos, el continente helado albergaría los restos de una civilización avanzada que desapareció hace miles de años. Esta idea se basa en mapas antiguos, como el mapa de Piri Reis, y en interpretaciones de textos clásicos que describen una tierra próspera y tecnológicamente avanzada. Algunos defensores de esta teoría proponen que un cataclismo global, como un desplazamiento de la corteza terrestre, enterró Atlántida bajo los hielos antárticos.

Comparación con la Ciencia

Las evidencias científicas no apoyan la existencia de Atlántida bajo los hielos antárticos. Los estudios geológicos indican que el continente ha estado cubierto de hielo durante millones de años, lo que hace improbable la presencia de civilizaciones avanzadas. Además, el análisis de los mapas históricos ha demostrado que las discrepancias cartográficas se deben a errores de medición más que a conocimientos antiguos. Sin embargo, el encanto de Atlántida sigue inspirando teorías, investigaciones e incluso exploraciones arqueológicas imaginarias.

Bases Secretas y Operaciones Militares

Algunos conspiracionistas sostienen que la Antártida alberga bases secretas construidas durante la Segunda Guerra Mundial, particularmente por los nazis, o posteriormente por las potencias mundiales para fines militares o de investigación tecnológica avanzada. Según estas teorías, los nazis habrían utilizado tecnologías innovadoras para crear un refugio subterráneo, mientras que misiones como la Operación Highjump de 1947 se interpretan como intentos de descubrir sus secretos.

Comparación con la Ciencia

La Operación Highjump fue una misión destinada a probar

las capacidades de supervivencia y entrenamiento en condiciones extremas, no a establecer bases secretas. Las estaciones de investigación existentes hoy en día están documentadas públicamente y dedicadas a la ciencia. Aunque la presencia de fuerzas militares en la Antártida durante la Guerra Fría suscitó sospechas, el Tratado Antártico de 1959 prohibió formalmente cualquier uso militar del continente. Sin embargo, el aura de secreto que rodea algunas actividades antárticas sigue dando lugar a especulaciones.

OVNIs y Contactos Extraterrestres

Otro tema popular en las teorías conspirativas se refiere a los supuestos avistamientos de OVNIs y contactos extraterrestres en la Antártida. Algunos sostienen que el continente esconde portales interdimensionales o tecnologías alienígenas enterradas bajo los hielos, que se cree son responsables de anomalías magnéticas observadas en algunas regiones. Los videos amateurs e imágenes satelitales se presentan a menudo como "pruebas" de estructuras artificiales o actividades no humanas.

Comparación con la Ciencia

Las anomalías magnéticas antárticas están bien documentadas y se deben a características geológicas, como el basamento rocoso y la distribución de minerales. No existen pruebas creíbles de actividades extraterrestres. Los estudios realizados mediante radar y escaneos geológicos avanzados han explicado muchas de estas anomalías sin recurrir a teorías especulativas. Sin embargo, la idea de los OVNIs y tecnologías avanzadas sigue alimentando historias fascinantes, apoyadas por la influencia de los medios y la cultura popular.

¿Por qué Persisten Estas Ideas?

La Escasez de Información

La naturaleza inaccesible de la Antártida contribuye a la persistencia de los mitos. La falta de una presencia humana generalizada y la percepción de secretismo en las actividades de investigación crean un terreno fértil para la imaginación. La ausencia de infraestructuras civiles y la extrema dificultad de acceso hacen del continente un lugar donde la verificación directa de la información es casi imposible para el público en general.

El Aspecto Psicológico

Las teorías conspirativas responden a la necesidad humana de explicar lo desconocido y de encontrar significados ocultos. La Antártida, con su misterio intrínseco, representa un símbolo perfecto de lo que no podemos comprender ni controlar. La idea de secretos ocultos bajo kilómetros de hielo satisface nuestro deseo de exploración y descubrimiento, mientras que las narrativas conspirativas ofrecen un sentido de orden y significado en un mundo complejo.

La Influencia de los Medios

Películas, documentales y novelas han amplificado el atractivo de estas teorías. Desde "La Cosa" de John Carpenter hasta innumerables documentales pseudocientíficos, los medios han contribuido a arraigar estas ideas en el imaginario popular. Producciones que mezclan hechos científicos con elementos de ficción crean una narrativa cautivadora que confunde los límites entre realidad y especulación. La Antártida se convierte así en un escenario ideal para explorar temas de misterio, aislamiento y descubrimiento.

El Fascinante Misterio

Más allá de las razones psicológicas y mediáticas, el misterio de la Antártida evoca un arquetipo universal: el lugar desconocido y prohibido. Al igual que los bosques inexplorados o los océanos profundos, el continente representa un desafío a los límites del conocimiento humano, empujándonos a imaginar posibilidades extraordinarias.

Conclusión

Las teorías especulativas sobre la Antártida son una ventana hacia la interacción entre imaginación y conocimiento. Aunque las evidencias científicas refutan muchas de estas ideas, su fascinación persiste, reflejando el deseo humano de explorar y comprender lo desconocido. Confrontarse con estas teorías, analizándolas críticamente, nos permite apreciar el fino límite entre la ciencia y el mito. Este ejercicio no solo mantiene viva la curiosidad, sino que también nos recuerda la importancia del pensamiento crítico y el rigor científico en nuestra constante búsqueda de la verdad.

BIBLIOGRAFÍA Y FUENTES: UNA GUÍA PARA LOS LECTORES CURIOSOS QUE QUIEREN PROFUNDIZAR

Este capítulo ofrece una selección de recursos y referencias para los lectores interesados en explorar más a fondo los temas tratados en el libro. Desde la historia de las exploraciones antárticas hasta las teorías especulativas, desde la ciencia del clima hasta las narraciones culturales, la bibliografía propuesta cubre una amplia gama de temas. Estos textos y fuentes están pensados para estimular la curiosidad y profundizar el conocimiento sobre un continente tan fascinante como enigmático.

Libros Recomendados

Exploraciones e Historia

1. *The Last Place on Earth* de Roland Huntford
   Una crónica detallada de las expediciones hacia el Polo Sur, con un análisis profundo de las hazañas de Scott y Amundsen.

2. *Endurance: Shackleton's Incredible Voyage* de Alfred Lansing
   Un relato cautivador de la legendaria expedición Endurance dirigida por Ernest Shackleton.

3. *Antarctica: An Intimate Portrait of a Mysterious Continent* de Gabrielle Walker
   Un viaje personal a través de la geografía, la historia y los desafíos científicos de la Antártida.

Ciencia y Cambio Climático

1. *The Two-Mile Time Machine: Ice Cores, Abrupt Climate Change, and Our Future* de Richard B. Alley
   Un análisis de la información climática obtenida de los perforamientos de los glaciares antárticos y su impacto en la comprensión del cambio climático.

2. *Antarctica and Climate Change* editado por Tim Naish y Polly Gould
   Un texto que explora el papel crucial de la Antártida en el sistema climático global.

3. *Ice: The Nature, the History, and the Uses of an Astonishing Substance* de Mariana Gosnell
   Una visión general sobre el hielo en todas sus formas, con un enfoque particular sobre la importancia de los hielos antárticos.

Teorías Especulativas y Cultura Popular

1. *Lost Continents & the Hollow Earth* de David Standish
   Una exploración de las teorías alternativas que conectan la Antártida con civilizaciones perdidas y misterios geográficos.

2. *The Mysterious Antarctica: From Myths to Science* de Andrew Collins
   Un libro que analiza cómo la Antártida ha sido percibida a través de mitos, leyendas y ciencia.

3. *Chariots of the Gods?* de Erich von Däniken
   Aunque controvertido, este texto ha influido en muchas teorías especulativas sobre tecnologías avanzadas y contactos extraterrestres.

Artículos y Estudios Académicos

- *"Antarctic Ice Sheet and Sea Level Rise"* de J. Bamber et al., publicado en *Nature* (2018)
  Un artículo científico que examina la contribución de la Antártida al aumento del nivel del mar.

- *"The Antarctic Treaty: 60 Years of International Cooperation"* de A. Hemmings et al., publicado en *The Polar Journal* (2020)
  Una reflexión sobre la importancia del Tratado Antártico en la preservación del continente.

- *"Magnetic Anomalies and Geological Mysteries in Antarctica"* de P. Fitzgerald, publicado en *Geophysical Research Letters* (2015)
  Un análisis científico de las anomalías magnéticas en la Antártida y sus implicaciones geológicas.

Recursos en Línea

- *Scientific Committee on Antarctic Research (SCAR):* www.scar.org
  Una fuente autoritaria para las investigaciones más recientes realizadas en la Antártida.

- *National Snow and Ice Data Center (NSIDC):* nsidc.org
  Una plataforma dedicada a la recopilación y difusión de datos sobre los hielos polares.

- *AntarcticGlaciers.org:* antarcticglaciers.org
  Un sitio educativo que explica de manera accesible los procesos glaciales y las investigaciones científicas antárticas.

Conclusión

Esta bibliografía representa solo un punto de partida para los lectores interesados en aprender más sobre la Antártida. Ya sea para profundizar en las exploraciones históricas, comprender los cambios climáticos o explorar las teorías más especulativas, estos recursos ofrecen una visión rica y estimulante sobre uno de los lugares más enigmáticos de nuestro planeta.

CONCLUSIÓN: UNA INVITACIÓN A LOS LECTORES

Al cerrar este libro, el viaje a través de las tierras heladas de la Antártida puede haberos parecido una aventura tan extraordinaria como enigmática. Este continente remoto e inhóspito, con su historia intrincada y sus desafíos contemporáneos, nos recuerda cuán poco conocemos de nuestro propio planeta y más allá. Las historias, teorías y descubrimientos que hemos explorado no son solo relatos de un pasado distante o hipótesis futuras, sino una invitación a reflexionar sobre nuestra propia capacidad de asombro y de buscar respuestas a las preguntas fundamentales de nuestra existencia.

La Antártida es mucho más que un lugar físico. Es un símbolo de la capacidad humana para explorar, adaptarse y soñar. Cada glaciar, cada capa de hielo y cada descubrimiento científico representan una ventana al pasado de la Tierra y, potencialmente, una guía para nuestro futuro. Cada estudio realizado en estas tierras lejanas no solo contribuye al conocimiento científico, sino que también refuerza la conciencia de cuán frágil e interconectado es nuestro ecosistema global. Al reflexionar sobre los mitos, las teorías y las realidades que rodean este continente, se nos invita no solo a entender más, sino también a protegerlo para las generaciones venideras.

Los invitamos a continuar esta exploración. Dejen que las páginas de este libro sean solo el punto de partida para su búsqueda personal. Descubran más, hagan preguntas, sumérjanse en las historias, y sobre todo, compartan lo que han aprendido. El conocimiento, al igual que la propia Antártida, es un tesoro colectivo que se vuelve más poderoso cuando es compartido. Sigan avanzando en sus viajes intelectuales, intenten conectar los hilos entre la historia, la ciencia y el misterio, y sigan apoyando el diálogo entre lo que sabemos y lo que aún ignoramos.

Que este viaje los inspire a mirar el mundo con ojos nuevos, a cuestionar lo que conocen y a buscar siempre lo desconocido. La Antártida, con sus secretos aún ocultos bajo el hielo, seguirá esperando a los próximos exploradores, los próximos soñadores, y quizás, a ustedes. Cada paso que den hacia el descubrimiento será una contribución al gran mosaico del conocimiento humano, una pieza que une el pasado, el presente y el futuro en una única narración compartida. El continente blanco, tan remoto y sin embargo tan conectado con nuestra vida diaria, sigue siendo un faro para aquellos que se atreven a soñar y un testimonio del potencial infinito del ingenio humano.

Queridos lectores,

Si han encontrado este libro útil, interesante o inspirador, los invitamos a compartir su opinión dejando una reseña en Amazon. Sus palabras no solo ayudan a otros lectores a descubrir libros como este, sino que también brindan una valiosa retroalimentación para mejorar continuamente nuestro trabajo y ofrecer contenido cada vez más alineado con sus necesidades.

Las reseñas son fundamentales para dar visibilidad a libros que pueden enriquecer e inspirar a otros. Incluso unas pocas líneas pueden marcar la diferencia, guiando a alguien hacia el libro adecuado en el momento adecuado. Compartir su experiencia no solo contribuye a crear una comunidad de lectores más consciente, sino que también representa un acto de apoyo a los autores y editores que se dedican con pasión a la creación de obras significativas.

Además, sus sugerencias y observaciones nos ayudan a crecer, mejorando no solo el contenido, sino también la experiencia de lectura. Sus opiniones cuentan: cada reseña, grande o pequeña, agrega valor y ayuda a construir un diálogo con todos aquellos que aman explorar y aprender a través de los libros.

Gracias de corazón por haber elegido leer este libro y por el tiempo que dediquen a compartir su experiencia. Su apoyo es invaluable y profundamente apreciado, y estamos ansiosos por leer sus palabras.

Con gratitud y estima,
El equipo editorial de LUMINALIBRIA

ÍNDICE